Reken je wijs

De kunst van het leren rekenen
Niveau   1F 2F 3F

Benito Kaarsbaan

Colofon

Auteur:
Benito Kaarsbaan
www.rekenenopmaat.nl

Vormgeving:
Marco Harzing

Uitgegeven door:
Graviant educatieve uitgaven, Doetinchem

© februari 2015.

Dit werk is auteursrechtelijk beschermd.
Copyright en overige rechten blijven voorbehouden aan:
Graviant educatieve uitgaven, Doetinchem, telefoon 0314-345400
Niets uit deze uitgave mag worden verveelvoudigd en/of openbaar gemaakt door middel van druk, fotokopie, microfilm of op welke wijze ook, zonder voorafgaande schriftelijke toestemming van de uitgever.

ISBN 978-94-91337-21-5

Hoewel dit boek met zorg is samengesteld, aanvaarden de auteur noch de uitgever enige aansprakelijkheid, voor het feit dat het gebruik van hetgeen geboden wordt niet aan de behoeften of de verwachtingen van de eindverbruiker voldoet, noch voor eventuele fouten of onvolkomenheden in dit boek.

Woord vooraf

In Suriname gaf ik, als jongetje van 10, bijles in rekenen aan enkele klasgenoten. Dit was één van mijn inspiraties om later docent te worden. Door middel van deze ervaring heb ik als docent geleerd vooral geduldig te zijn tijdens instructies en plezier te hebben in wat ik doe.

Op mijn 18e kwam ik naar Nederland. Ik merkte al gauw dat het rekenonderwijs hier heel anders was. Het niveau vond ik wel mee vallen, maar het rekenen was hier erg 'talig'. Naast de kale sommen, waar ik een kei in was, kreeg ik ook te maken met verhaalsommen (contextsommen). Die vond ik erg lastig, omdat ik de taal Nederlands moeilijk vond. Voor mij was dit zeker een omslag. Mijn eerste cijfer voor rekenen op de Nederlandse middelbare school was daarom een onvoldoende. Door de slechte cijfers die ik opeens haalde ging mijn motivatie op rekengebied naar beneden. Door mijn angst en onzekerheid begon ik zelfs een hekel te krijgen aan het vak rekenen.

Op een dag zat ik op een bankje in een park en dacht terug aan het jongetje van 10 dat plezier had in het geven van bijlessen aan zijn klasgenoten. In gedachten zag ik weer hoe blij die klasgenoten werden als ze eindelijk de sommen snapten. Dit was het moment voor mij om mij kwetsbaar op te stellen en zelf hulp te gaan vragen.

Een rekendocent gaf mij als tip om veel te lezen om de taal beter te beheersen en mijn woordenschat uit te breiden. Het vak Nederlands heeft mij enorm geholpen, met name het onderdeel begrijpend lezen. Hierdoor kon ik de gegevens gemakkelijker uit de teksten halen. Bij de verhaalsommen draait het zeker hierom 'Gegevens uit de teksten halen en noteren'. Eindelijk had ik het door. Mijn rekencijfers werden opeens weer voldoendes en ik werd weer blij, net als de klasgenoten van toen.

Als docent Rekenen ben ik er achter gekomen dat over het algemeen meer dan de helft van een klas moeite heeft met de verhaalsommetjes en het toepassen van rekenstrategieën. Dit boek zal je zeker hierbij helpen. In dit boek vind je niet alleen een samenvatting van de onderdelen: domein Getallen, domein Verhoudingen, domein Meten en meetkunde en domein Verbanden, maar ook een samenvatting van de meest voorkomende Rekenbegrippen en tips om beter te leren rekenen.

Door middel van dit boek hoop ik veel mensen te bereiken die moeite hebben met het vak Rekenen of mensen die beter willen worden in het vak Rekenen.

Dankbetuigingen

Ten eerste wil ik mijn gezin bedanken voor de steun die ze mij hebben gegeven om dit boek te schrijven. Mijn dankbetuiging gaat ook naar de rekendocenten die mij hebben geïnspireerd op dit vakgebied, de klas genoten die ik toen bijles heb gegeven in Suriname en naar alle leerlingen in Nederland die ik rekenles of bijles heb gegeven.

Inhoud

- Dyscalculie — 9
- Tips om beter te leren rekenen — 10

Domein Getallen — 11

1. Gehele getallen

    1.1 Waarde van getallen — 11

        1.1.1 Getallen
        1.1.2 Grote getallen
        1.1.3 Het ordenen van getallen — 13
        1.1.4 Negatieve getallen — 14
        1.1.5 Vergelijken van getallen
        1.1.6 Referentiematen

    1.2 Optellen met gehele getallen — 15

        1.2.1 Handig rekenen
        1.2.2 Schattend rekenen — 16
        1.2.3 Cijferend rekenen op papier
        1.2.4 Negatieve getallen optellen — 17

    1.3 Aftrekken met gehele getallen — 18

        1.3.1 Handig rekenen
        1.3.2 Schattend rekenen
        1.3.3 Cijferend rekenen op papier — 19
        1.3.4 Negatieve getallen aftrekken — 20

    1.4 Vermenigvuldigen met gehele getallen — 21

        1.4.1 Handig rekenen
        1.4.2 Schattend rekenen — 23
        1.4.3 Cijferend rekenen op papier
        1.4.4 Negatieve getallen vermenigvuldigen — 25

    1.5 Delen met gehele getallen — 25

        1.5.1 Handig rekenen
        1.5.2 Schattend rekenen — 26
        1.5.3 Cijferend rekenen op papier — 27
        1.5.4 Negatieve getallen delen — 31

2.	Breuken		32
	2.1 Breuken verkennen		32

        2.1.1 Wat zijn breuken?
        2.1.2 Stambreuken
        2.1.3 Uitspraak van breuken   33
        2.1.4 Gelijkwaardige breuken
        2.1.5 Gehele getallen als breuk
        2.1.6 Samengestelde breuken   34
        2.1.7 Breuken vereenvoudigen
        2.1.8 Gelijknamige breuken   35

    2.2   Breuken optellen en aftrekken   36

        2.2.1 Breuken optellen
        2.2.2 Breuken aftrekken   41

    2.3   Breuken vermenigvuldigen en delen   47

        2.3.1 Breuken vermenigvuldigen
        2.3.2 Breuken delen   52

    2.4   Breuken, decimale getallen, verhoudingen en procenten   59

        2.4.1 Het omrekenen van decimalen naar breuken   60
        2.4.2 Het omrekenen van decimalen naar verhoudingen   61
        2.4.3 Het omrekenen van decimalen naar procenten   62
        2.4.4 Het omrekenen van breuken naar decimalen
        2.4.5 Het omrekenen van breuken naar verhoudingen   64
        2.4.6 Het omrekenen van breuken naar procenten   65
        2.4.7 Het omrekenen van verhoudingen naar breuken   66
        2.4.8 Het omrekenen van verhoudingen naar decimalen   67
        2.4.9 Het omrekenen van verhoudingen naar procenten   68
        2.4.10 Het omrekenen van procenten naar breuken   69
        2.4.11 Het omrekenen van procenten naar decimalen   70
        2.4.12 Het omrekenen van procenten naar verhoudingen

3.   Decimale getallen   72

    3.1   Decimale getallen ordenen, weergeven en aflezen

	3.2	Decimale getallen optellen en aftrekken op papier	73
		3.2.1 Decimale getallen handig optellen	
		3.2.2 Decimale getallen handig aftrekken	
	3.3	Decimale getallen handig vermenigvuldigen en delen	74
		3.3.1 Decimale getallen handig vermenigvuldigen	
		3.3.2 Decimale getallen handig delen	75
	3.4	Decimale getallen afronden	76
4.	Machtsverheffen en worteltrekken		77
	4.1	Machtsverheffen	
	4.2	Worteltrekken	78
5.	Rekenregels		79
	5.1	Rekenregels	
	5.2	Rekenen met negatieve getallen	80

Domein Verhoudingen

1.	Verhoudingen		81
	1.1	Wat zijn verhoudingen?	
	1.2	Rekenen met verhoudingen	82
	1.3	Verhoudingen, breuken, decimalen, procenten	83
		1.3.1 Omrekentabel	
		1.3.2 Het omrekenen van decimalen naar verhoudingen	84
		1.3.3 Het omrekenen van decimalen naar procenten	
		1.3.4 Het omrekenen van procenten naar verhoudingen	85
		1.3.5 Het omrekenen van breuken naar procenten	86
		1.3.6 Het omrekenen van verhoudingen naar breuken	87
		1.3.7 Het omrekenen van verhoudingen naar decimalen	88
		1.3.8 Het omrekenen van verhoudingen naar procenten	89
		1.3.9 Het omrekenen van procenten naar breuken	90
		1.3.10 Het omrekenen van procenten naar decimalen	91
		1.3.11 Het omrekenen van procenten naar verhoudingen	

2.		Procenten	93
	2.1	Wat zijn procenten?	
	2.2	Rekenen met procenten	
3.		Verhoudingen en kansen	94
4.		Verhoudingen en schalen	95

Domein Meten en meetkunde — 96
1. Meten en meetkunde — 96

    1.1   Meetkundige begrippen

    1.2   Tweedimensionale - of vlakke figuren   97

    1.3   Driedimensionale figuren   101

    1.4   Omtrek en Oppervlakte   103

    1.5   Inhoud   105

    1.6   Gewicht   106

    1.7   Tijd   107

    1.8   Temperatuur   108

    1.9   Schaal

    1.10   Het omrekenen van eenheden   110

Domein Verbanden — 114
1. Verbanden — 114

    1.1   Begrippen

    1.2   Tabellen   117

    1.3   Diagrammen   120

    1.4   Grafieken   122

- Rekenwoordenboek   125

Dyscalculie

Dyscalculie is een ernstige vorm van een rekenstoornis. Personen met deze stoornis hebben moeite om rekenkennis te leren of toe te passen.

Kenmerken

- Problemen met automatiseren (langzaam rekentempo als gevolg).
- Moeite om feiten uit het geheugen te roepen.
- Opslaan van informatie in het geheugen gaat moeizaam.
- Moeite met het onthouden van rekenbegrippen.
- Visueel-ruimtelijk probleem.
- Is een blijvend probleem ondanks het krijgen van veel rekenonderwijs.
- Moeite met hoofdrekenen.
- Moeite met de volgorde van stappen bij ingewikkelde berekeningen.

Gevolgen voor de persoon met dyscalculie

- Dyscalculie leidt tot onzekerheid en rekenangst.
- Een persoon met dyscalculie kan een hekel krijgen aan rekenen.

Tips

- Opgaven stap voor stap doornemen.
- Veel oefenen en herhalen.
- Het volgen van individuele bijlessen op maat
- Gebruik maken van concrete hulpmiddelen tijdens het rekenen (Hulpkaarten, Rekenrek, tafelblad, rekenmachine etc.)
- Maak je eigen spiekboekje waarin je formules, rekenregels, begrippen en strategieën noteert.
- Durf hulp te vragen.
- Emotionele ondersteuning zoeken voor het verkrijgen van vertrouwen.

Tips om beter te leren rekenen.

- Je kunt alleen iets leren en onthouden als je het zelf besluit.
- Het geleerde meteen toepassen om het te onthouden.
- Formules en strategieën blijven hangen als je dit noteert en regelmatig toepast.
- Lees de opdracht 2 tot 3 keer, voordat je aan de slag gaat.
- Probeer de som eerst te begrijpen, voordat je naar de oplossing zoekt.
- Het is handig om een som eerst visueel te maken d.m.v. een tekening of zelf een context te bedenken bij een kale som.
- Heb vertrouwen in je eigen kunnen en vraag hulp wanneer het nodig is.
- Je vaardigheid in het rekenen neemt alleen toe als je veel oefent.
- Het nemen van individuele bijlessen helpt zeker om vooruitgang te boeken.
- Maak gebruik van een kladpapier:
    - Hiermee kan je belangrijke gegevens uit een contextsom halen en noteren.
    - Je kunt je gedachten legen.
    - Dient als ondersteuning bij het uitwerken van de opgaven.
    - Fouten kan je meteen terug zien en herstellen.
    - Door de sommen stap voor stap op te lossen op een kladpapier wordt het allemaal overzichtelijker.
    - Rekenstrategieën kan je sneller onthouden als je ze opschrijft.
- Oplossen van verhaalsommen (contextsommen):
    - Voor een goede uitwerking van verhaalsommen kan je gebruik maken van de stappen hier onder. (SISO)

Stap 1 :
Scannen
(Kijk naar de tekeningen, plaatjes en titels bij de opdracht. Wat valt je op?, Wat zegt dit jou? Wat herken je?)

Stap 2 :
Inzicht
(Lees de tekst twee tot drie keer en schrijf ondertussen de belangrijke gegevens uit de tekst op. Probeer de tekst te visualiseren door middel van een tekening te maken.)

Stap 3 :
Strategieën
(Lees de vraagstelling nogmaals en kijk welke strategieën je hier gaat toepassen.
Voorbeeld: verhoudingstabel, delen, vermenigvuldigen, optellen, aftrekken etc)

Stap 4 :
Oplossing
(Maak een keuze uit de juiste strategie en los de som op. Controleer je antwoord nogmaals, voordat je naar de volgende opgave gaat)

1. Gehele getallen

Domein Getallen

1.1 Waarde van getallen

1.1.1 Getallen

☞ Een getal is opgebouwd uit cijfers.
De plaats van het cijfer in een getal bepaalt de waarde van dat cijfer.

D	H	T	E
7	4	3	5

De 7 is 7000 waard (duizendtal)
De 4 is 400 waard (honderdtal)
De 3 is 30 waard (tiental)
De 5 is 5 waard (eenheid)

☞ Om fouten te voorkomen bij het rekenen, is het verstandig om de getallen netjes onder elkaar te schrijven. Op deze manier maak je de getallen overzichtelijker. Zorg er voor dat de punten in de getallen netjes onder elkaar komen. (begin altijd met het laatste cijfer van het getal, rechts)

Voorbeeld

fout

1	3	2	
5	2	4	1
4	8		
9	7	3	
3			

goed

	1	3	2
5	2	4	1
		4	8
	9	7	3
			3

1.1.2 Grote getallen

1 biljard   = 1.000.000.000.000.000

1 biljoen   = 1.000.000.000.000

1 miljard   = 1.000.000.000

1 miljoen   = 1.000.000

1 duizend   = 1.000

Punten in een groot getal

- Zet om de drie cijfers een punt in de grote getallen. Dit is vanaf rechts geteld.
Dit wordt gedaan om getallen makkelijk te kunnen lezen.

Voorbeeld

>Getal zonder punten: **1234567854**
>Getal met punten: **1.234.567.854** (begin vanaf rechts te tellen)

- Een groot getal wordt door middel van deze punten in groepjes verdeeld.
Elke groep heeft een naam: *eenheden, duizenden, miljoenen, miljarden en biljoenen*

Voorbeeld

>Wat is de waarde van ieder cijfer in dit getal?   720.800.431.561.143
>720 biljoen   800 miljard   431 miljoen   561 duizend   143 eenheden

Getallen rond maken en schatten

- Getallen worden vaak in de media rond gemaakt om een getal makkelijk te kunnen uitspreken. Men rondt getallen af om makkelijker te kunnen rekenen en te schatten met het getal.

Voorbeeld

>Maak gebruik van het ongeveer teken ≈ (is bijna)
>997 ≈ 1000   485.000 ≈ 500.000 ≈ half miljoen

- Grote getallen kunnen rond worden gemaakt als een honderdtal, als een duizendtal of als een miljoental.

Voorbeeld

>Rond dit getal af als een honderdtal, als een duizendtal
>en als een miljoental   **1.875.820**
>
>miljoental ≈ **2.000.000**
>duizendtal ≈ **1.876.000**
>honderdtal ≈ **1.875.800**

1.1.3 Het ordenen van getallen

Getallenlijn

- Het ordenden van getallen kan je met behulp van een getallenlijn doen. Een getallenlijn heeft altijd een beginpunt en een eindpunt. Om het middelpunt te vinden, moet je het beginpunt en het eindpunt bij elkaar optellen en delen door twee.

Voorbeeld

Beginpunt = 100 Eindpunt = 1000 Middelpunt = (1.000+100) : 2 = 1.100 : 2 = 550

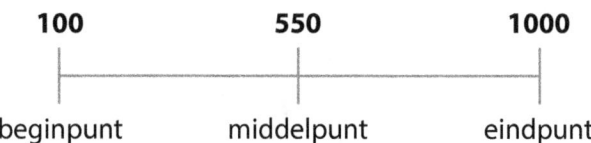

Betekenis van een getal op een getallenlijn:

- Het getal krijgt betekenis.
- Het getal kan je vergelijken met andere getallen op de getallenlijn.
- Getallen kan je ordenen op een getallenlijn door ze van klein naar groot te plaatsen op een getallenlijn.

Rekensymbolen

- Door het gebruik maken van bepaalde rekensymbolen kan je de getallen op een getallenlijn makkelijk ordenen.

    < Kleiner dan
    \> Groter dan
    = Gelijk aan

1.1.4 Negatieve getallen

> ☞ Negatieve getallen zijn getallen onder de nul.
> ☞ Negatieve getallen kan je ordenen op een getallenlijn.
> ☞ Negatieve getallen komen vaak voor bij temperatuur en geld.

Voorbeeld

Een negatief saldo

Temperatuur onder de nul

1.1.5 Vergelijken van getallen

Getallen kan je onderling vergelijken door middel van deze tekens te gebruiken.

< Kleiner dan
≤ Kleiner dan of gelijk aan
> Groter dan
≥ Groter dan of gelijk aan
= Gelijk aan

1.1.6 Referentiematen

> ☞ Referentiematen zijn maten die bedoeld zijn om in te schatten hoe groot of hoe lang iets is. Je kunt een vergelijking maken met een maat die je kent. Zo'n maat heet referentiemaat.

Voorbeeld

- Een volwassen man is ongeveer 1.80m lang
- Een volwassen man weegt ongeveer 80 kg
- Een baby weegt ongeveer 3,5 kilogram of 7 pond
- Een mens loopt ongeveer 5 km per uur
- Een mens fietst ongeveer 15 km per uur
- Een verdieping van een gebouw is ongeveer 3 meter hoog

1.2 Optellen met gehele getallen

1.2.1 Handig rekenen

> ↶ Omkeren: Is een rekenkundige oplossingsstrategie om optelsommen makkelijk uit te werken.

Voorbeeld

5 + 28 = 28 + 5 = 33

> ↶ Veranderen: Is een rekenkundige oplossingsstrategie om optelsommen makkelijk uit te werken.

Voorbeeld

27 + 18 = 30 + 15 = 45
+3   -3

> ↶ Rijgen: Is een rekenkundige oplossingsstrategie om optelsommen makkelijk uit te werken.

Voorbeeld

635 + 237 = 635 + 200 + 30 + 7 = 872

> ↶ Schakelen: Is een rekenkundige oplossingsstrategie om optelsommen makkelijk uit te werken.

Voorbeeld

24 + 6 + 14 = 24 + 20 of 30 + 14 = 44

1.2.2 Schattend rekenen

> ∞ **Schatten:**
> De waarde of grootte van een hoeveelheid of getal ongeveer uitspreken of noteren.

Voordelen van schatten
- Antwoorden van de opgaven kun je makkelijk controleren.
- Je kunt snel uitrekenen wat iets in de winkel ongeveer gaat kosten.
- Bij schatten maak je de getallen rond. Hierdoor kan je snel een som uit het hoofd rekenen.

Voorbeeld

$479 + 398 \approx$ (is ongeveer)

$\approx$ ongeveer teken

Stap 1 Maak van deze twee getallen eerst ronde getallen

$479 \approx 500$ en $398 \approx 400$

Stap 2

$500 + 400 = 900$

Stap 3

$479 + 398 \approx 900$

1.2.3 Cijferend rekenen op papier

> ∞ **Cijferend:**
> Is op papier onder elkaar uitrekenen van sommetjes om tot een goede oplossing te komen. Dit gebeurt via een vaste volgorde (Algoritme).

Voorbeeld

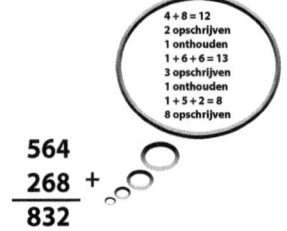

```
  564
  268 +
  ―――
  832
```

4 + 8 = 12
2 opschrijven
1 onthouden
1 + 6 + 6 = 13
3 opschrijven
1 onthouden
1 + 5 + 2 = 8
8 opschrijven

> ∞ Cijferend rekenen kan hier op twee manieren.
> - Kolomsgewijs
> - Traditioneel

☞ **Kolomsgewijs rekenen:**
De grootte van de getallen onder elkaar uitrekenen.
Je begint van links naar rechts. Duizendtallen, honderdtallen, tientallen en vervolgens de eenheden (DHTE getallen).

Voorbeeld

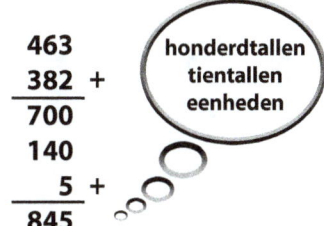

☞ **Traditioneel rekenen:** Is een ander begrip voor functioneer rekenen.
Het is een rekendidactiek die de nadruk legt op automatiseren en veel oefenen.

Voorbeeld

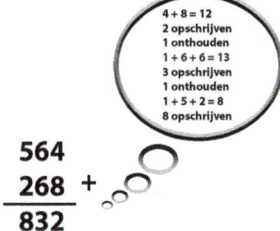

1.2.4 Negatieve getallen optellen

positief en negatief wordt negatief   + - = -

Voorbeeld

$$15 + -9 = (+ - = -)\ 15 - 9 = 6$$
$$-16 + -7 = (+ - = -)\ -16 - 7 = -23$$

(Ik sta €16,00 in de rood. Ik pin €7,00. Hoeveel heb ik nu op mijn bankrekening staan?)

$$-23 + 5 = -18$$

(Ik sta €23,00 in de rood. Ik stort €5,00. Hoeveel heb ik nu op mijn bankrekening staan?)

> Tips
> - Bij de + teken denk je aan geld storten.
> - Bij de − teken denk je aan geld pinnen.
> - Bij deze sommetjes kan je aan de temperatuur denken (Graden Celsius)
> - Je kan deze sommetjes op een getallenlijn noteren

1.3 Aftrekken met gehele getallen

1.3.1 Handig rekenen

> Veranderen:
> Is een rekenkundige oplossingsstrategie om aftreksommen makkelijk uit te werken.

Voorbeeld

Erbij of eraf
Trek van beide getallen 5 af.

$$805 - 105 = 800 - 100 = 700$$
$$-5-5$$

Tel bij beide getallen 2 op.

$$458 - 278 = 460 - 280 = 180$$
$$+2+2$$

> Rijgen:
> Is een rekenkundige oplossingsstrategie om aftreksommen makkelijk uit te werken.

Voorbeeld

$$635 - 237 = 635 - 200 - 30 - 7 = 398$$

1.3.2 Schattend rekenen

> Schatten:
> De waarde van een hoeveelheid of grootte van een getal ongeveer bedenken.

Voordelen van schatten
- Antwoorden van de opgaven kun je makkelijk controleren.
- Je kunt snel uitrekenen wat iets in de winkel ongeveer gaat kosten.
- Bij schatten maak je de getallen rond. Hierdoor kan je snel een som uit het hoofd rekenen.

Voorbeeld

479 - 398 ≈ (is ongeveer)

≈ ongeveer teken

Stap 1 Maak van deze twee getallen eerst ronde getallen

479 ≈ 500   en   398 ≈ 400

Stap 2

500 - 400 = 100

Stap 3

479 - 398 ≈ 100

1.3.3 Cijferend rekenen op papier

☞ **Cijferend:**
Is op papier onder elkaar uitrekenen van sommetjes om tot een goede oplossing te komen. Dit gebeurt via een vaste volgorde (Algoritme).

Voorbeeld

☞ Cijferend rekenen kan hier op twee manieren.
- Kolomsgewijs
- Traditioneel

☞ **Kolomsgewijs rekenen:**
De grootte van de getallen onder elkaar uitrekenen.
Je begint van links naar rechts. Duizendtallen, honderdtallen, tientallen en vervolgens de eenheden (DHTE getallen).

Voorbeeld

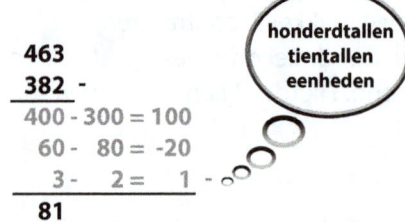

```
 463
 382 -
 400 - 300 = 100
  60 -  80 = -20
   3 -   2 =   1
 81
```

※ Traditioneel rekenen:
Is een ander begrip voor functioneer rekenen.
Het is een rekendidactiek die de nadruk legt op automatiseren en veel oefenen.

Voorbeeld

```
       614
       574
       235 -
       339
```

(4 - 5 kan niet
Ik leen er 1 van 7
en de 4 wordt 14
De 7 wordt een 6)

1.3.4 Negatieve getallen aftrekken

negatief en negatief wordt positief   - - = +

Voorbeeld

15 - - 9 = (- - = +) **15 + 9 = 24**
-16 - - 7 = (- - = +) **-16 + 7 = -9**

(Ik sta €16,00 in de rood. Ik stort €7,00. Hoeveel heb ik nu op mijn bankrekening staan?)

-23 -5 = -28

(Ik sta €23,00 in de rood. Ik pin €5,00. Hoeveel heb ik nu op mijn bankrekening staan?)

※ Tips
- Bij de + teken denk je aan geld storten.
- Bij de – teken denk je aan geld pinnen.
- Bij deze sommetjes kan je aan de temperatuur denken (Graden Celsius)
- Je kan deze sommetjes op een getallenlijn noteren

1.4 Vermenigvuldigen met gehele getallen

1.4.1 Handig rekenen

༄ Vermenigvuldigen met nullen

- Bij het vermenigvuldigen met 10, 100 0f 1000 komen er één, twee of drie nullen achter het getal.

Voorbeeld

15 x	10	= 150
37 x	100	= 3.700
212 x	1.000	= 212.000
168 x	10.000	= 1.680.000
897 x	100.000	= 89.700.000
17 x	1.000.000	= 17.000.000

- Bij het vermenigvuldigen van getallen met nullen erin, moet je het aantal nullen in de getallen optellen.

Voorbeeld

30	x 6.000	= 180.000
4.000	x 7.000	= 28.000.000
700	x 800.000	= 560.000.000

༄ Getallen splitsen

- Is een handige manier om een opgave makkelijker te maken.
- Dit kan je toepassen bij tafels die je niet makkelijk uit het hoofd kan vermenigvuldigen.

Voorbeeld

$$5 \times 64 =$$

Splitsen: 64 in 60 + 4

$$5 \times 64 = 5 \times 60 + 5 \times 4$$
$$= 300 + 20$$
$$= 320$$

⛓ Schakelen:
Is een rekenkundige oplossingsstrategie om keersommen makkelijk uit te werken.

Voorbeeld

$$36 \times 24 =$$
$$6 \times 6 = 36 \text{ en } 4 \times 6 = 24$$

Dus: $36 \times 24 = 36 \times 4 \times 6$
$= 144 \times 6$
$= 864$

Of: $36 \times 24 = 6 \times 6 \times 24$
$= 6 \times 144$
$= 864$

⛓ Vergroten en verkleinen

- Dit is handig om een vermenigvuldiging makkelijker te maken.
- Dit gebruik je voordat je gaat vermenigvuldigen.

Voorbeeld

$$35 \times 4 = 70 \times 2 = 140$$
$$\times 2 \quad : 2$$

⛓ Verdelen

- Dit is handig om een vermenigvuldiging makkelijker te maken

Voorbeeld

$$5 \times 49 =$$

Je weet $49 = 50 - 1$

$5 \times 49 = 5 \times 50 - 5 \times 1$
$= 250 - 5$
$= 245$

☞ Omkeren:
Is een rekenkundige strategie om keersommen makkelijk uit te werken.

Voorbeeld
> **37 x 3 =   3 x 37 = 111**

1.4.2 Schattend rekenen

☞ Schatten:
De waarde van een hoeveelheid of grootte van een getal ongeveer bedenken.

Voordelen van schatten
- Antwoorden van de opgaven kun je makkelijk controleren.
- Je kunt snel uitrekenen wat iets in de winkel ongeveer gaat kosten.
- Bij schatten maak je de getallen rond. Hierdoor kan je snel een som uit het hoofd rekenen.

Voorbeeld
> **198 x 47 ≈** (is ongeveer)
> ≈ ongeveer teken

Stap 1   Maak van deze twee getallen eerst ronde getallen

> **198 ≈ 200   en   47 ≈ 50**

Stap 2

> **200 x 50 = 10.000**

Stap 3

> **198 x 47 ≈ 10.000**

1.4.3 Cijferend rekenen op papier

☞ Cijferend:
Is op papier onder elkaar uitrekenen van sommetjes om tot een goede oplossing te komen. Dit gebeurt via een vaste volgorde (Algoritme)

- Je kunt op verschillende manieren rekenen op papier.
  Kies een manier dat voor jou handig is!

☞ Cijferend rekenen kan hier op drie manieren.
- Rechthoekmethode
- Kolomsgewijs
- Traditioneel

Rechthoekmethode:
Is een rekenkundige oplossingsstrategie om keersommen makkelijk uit te werken.

Voorbeeld

de som 36 x 24=
36 kan je splitsen in 30 en 6.
24 kan je splitsen in 20 en 4.

x	30	6	
20	600	120	720
4	120	24	144 +
			864

Kolomsgewijs rekenen:
De grootte van de getallen onder elkaar uitrekenen. Je begint van links naar rechts.
Duizendtallen, honderdtallen, tientallen en vervolgens de eenheden (DHTE getallen).

Voorbeeld

```
    35
    49 x
  1200   (30 x 40)
   200   ( 5 x 40)
   270   ( 9 x 30)
    45   ( 5 x  9)
  1715
```

Traditioneel rekenen:
Is een rekenkundige oplossingsstrategie om keersommen makkelijk uit te werken.

Voorbeeld

9 x 5 = 45 5 opschrijven 4 onthouden
9 x 3 = 27 erbij 4 = 31 31 opschrijven
Nu x 40 eerst de 0 **van het tiental** opschrijven
dan verder rekenen met 4
4 x 5 = 20 0 opschrijven 2 onthouden
4 x 3 = 12 erbij 2 = 14 14 opschrijven
Uitkomsten bij elkaar **optellen**

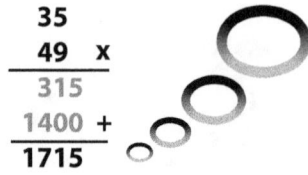

```
   35
   49 x
  315
 1400 +
 1715
```

1.4.4. Negatieve getallen vermenigvuldigen

negatiefgetal x negatiefgetal = positiefgetal   **- x - = +**

Voorbeeld

-25 x -4 = 100

(-25 = negatiefgetal en -4 = negatiefgetal. Het antwoord is dus een positiefgetal)

-12 x -9 = 108

(-12 = negatiefgetal en -9 = negatiefgetal. Het antwoord is dus een positiefgetal)

positiefgetal x negatiefgetal = negatiefgetal   **+ x - = -**

Voorbeeld

25 x -4 = -100

(25 = positiefgetal en -4 = negatiefgetal. Het antwoord is dus een negatiefgetal)

-12 x 9 = -108

(-12 = negatiefgetal en 9 = positiefgetal. Het antwoord is dus een negatiefgetal)

1.5   Delen met gehele getallen

1.5.1 Handig rekenen

> ↪ **Verdelen**
> Het is een handige manier om de deelsommem uit te rekenen. Deze sommen kan je hierdoor makkelijker uit je hoofd rekenen als je de tafels kent of je rekent dit op papier uit.

Voorbeeld

$$1.449 : 7 =$$

Je weet $1.449 = 1.400 + 49$

$1.449 : 7 = 1.400 : 7 + 49 : 7$

$= 200 + 7$

$= 207$

◦ **Verkleinen en vergroten**
Een deelsom kan je makkelijker maken door beide getallen te verkleinen of te vergroten.
Je kan hiervoor je kladpapier gebruiken of uit het hoofd rekenen.

Voorbeeld

$$128 : 16 =$$

Verkleinen $128 : 16 =$
           $:2\ \ :2$

$$64 : 8 =$$
$:2\ \ :2$

$$32 : 4 = 8$$

Voorbeeld

$$750 : 15 =$$

Vergroten $750 : 15 =$
           $\times 2\ \ \times 2$

$$1500 : 30 = 50$$

Voorbeeld

Verkleinen en vergroten $1.464 : 8 =$

$1.464 : 8 =$
$\times 5\ \ \times 5$ (vergroten)

$7.320 : 40 =$
$:10\ \ :10$ (verkleinen)

$732 : 4 =$
$:2\ \ :2$ (verkleinen)

$$366 : 2 = 183$$

1.5.2 Schattend rekenen

◦ **Schatten:**
De waarde van een hoeveelheid of grootte van een getal ongeveer bedenken.

Voordelen van schatten
- Antwoorden van de opgaven kun je makkelijk controleren.
- Je kunt snel uitrekenen wat iets in de winkel ongeveer gaat kosten.
- Bij schatten maak je de getallen rond. Hierdoor kan je snel een som uit het hoofd rekenen.

Voorbeeld

798 : 8 ≈ (is ongeveer)
≈ ongeveer teken

Stap 1 Maak van het getal 798 een rond getal

798 ≈ 800

Stap 2

800 : 8 = 100

Stap 3

798 : 8 ≈ 100

1.5.3 Cijferend rekenen op papier

⚭ Cijferend:
Is op papier onder elkaar uitrekenen van sommetjes om tot een goede oplossing te komen. Dit gebeurt via een vaste volgorde (Algoritme).

- Je kunt op verschillende manieren rekenen op papier. Kies een manier dat voor jou handig is!

⚭ Cijferend rekenen kan hier op twee manieren.
  - Haakdeling
  - Staartdeling

⚭ Haakdeling:
Is een rekenkundige berekening waarbij je een getal in stapjes deelt door een ander getal. Deze algoritmische bewerking doe je op papier.

Voorbeeld

498 : 6 =

Stap 1   Tafel van 6 opschrijven x 10 of x 100 of x 1000. Bij deze som is het x 10

           10 x 6 = 60
           20 x 6 = 120
           30 x 6 = 180
           40 x 6 = 240
           50 x 6 = 300
           60 x 6 = 360
           70 x 6 = 420
           80 x 6 = 480
           90 x 6 = 540
          100 x 6 = 600

Stap 2   Maak een haakdeling

        6 | 498 |

Stap 3   Stel jezelf de vraag: Hoeveel keer past de 6 maximaal in het getal 498?
         (Het antwoord moet kleiner zijn dan 498)

        6 | 498 | 80 x
           | 480 -

Het antwoord is: Maximaal 80 keer dus, want 80 x 6 = 480

Stap 4   Schrijf dit antwoord netjes onder het getal 498.
         Trek deze twee getallen vervolgens van elkaar af en herhaal stap 3.
         Hoeveel keer past de 6 in het getal 18?
         Antwoord is 3.

        6 | 498 | 80 x
           | 480 -
             18   3 x +
             18 -
              0

Stap 5   Tel de uitkomsten bij elkaar op en je hebt het antwoord op deze som.

        6 | 498 | 80 x
           | 480 -
             18   3 x +
             18 - **83**
              0
Antwoord is dus 83

☞ **Staartdeling:**
Is een rekenkundige berekening waarbij je een getal in stapjes deelt door een ander getal.
Deze algoritmische bewerking wordt op papier gedaan.

Voorbeeld

4956 : 6 =

Stap 1   Schrijf de tafel van 6 op je kladpapier wanneer je deze niet uit het hoofd weet.

    1 x 6 =   6
    2 x 6 = 12
    3 x 6 = 18
    4 x 6 = 24
    5 x 6 = 30
    6 x 6 = 36
    7 x 6 = 42
    8 x 6 = 48
    9 x 6 = 54
    10 x 6 = 60

Stap 2   Maak een staartdeling.

**6 / 4956 **

Stap 3   Hoeveel keer past de 6 in de 4? Antwoord is 0 Keer.
Daarna herhaal je de vraag.
Hoeveel keer past de 6 in het getal 49?
Antwoord is 8.

6 / 4956 \\ 8
    48 -

Stap 4   Schrijf de 8 aan de rechterkant op.
8 x 6 = 48. Schrijf dit onder de 49.
Trek daarna 48 van 49 af. Antwoord is 1

6 / 4956 \\ 8
    48 -
     1

Stap 5   Naast de 1 schrijf je het getal 5 op.
Dit is het getal naast 49.
Nu staat er 15.

```
6 /4956\ 8
   48↓ -
   ─────
    15
```

Stap 6   Herhaal stap 3.
Hoeveel keer past de 6 in de 15?
Antwoord is 2 keer.

```
6 /4956\ 82
   48  -
   ─────
    15
```

Stap 7   Herhaal stap 4. Schrijf de 2 naast de 8 op.
2 x 6 = 12. Schrijf dit onder de 15.
Trek daarna 12 van 15 af.
Antwoord is 3.

```
6 /4956\ 82
   48  -
   ─────
    15
    12 -
    ───
     3
```

Stap 8   Herhaal stap 5.
Naast de 3 schrijf je het getal 6 op.
Dit is het getal naast 495.
Nu staat er 36

```
6 /4956\ 82
   48
   ───
   15
   12↓
   ───
   36
```

Stap 9   Hoeveel keer past de 6 in 36.
Antwoord is exact 6 keer

```
6 /4956\ 826
   48  -
   ─────
    15
    12 -
    ───
    36
```

Stap 10   6 x 6 = 36.
6 schrijf je aan de rechterkant naast 82.
Trek daarna 36 van 36 af.
Antwoord is 0 keer

```
6 / 4956 \ 826
    48 -
    ───
    15
    12 -
    ───
    36
    36 -
    ───
     0
```

Stap 11   Je kunt niet verder.
4956 : 6 = 826

1.5.4 Negatieve getallen delen

negatiefgetal : negatiefgetal = positiefgetal   **- : - = +**

Voorbeeld

-25 : -5 = 5

(-25 = negatiefgetal en -5 = negatiefgetal. Het antwoord is dus een positiefgetal)

-169 : -13 = 13

(-169 = negatiefgetal en -13 = negatiefgetal. Het antwoord is dus een positiefgetal)

positiefgetal : negatiefgetal = negatiefgetal   **+ : - = -**

Voorbeeld

25 : -5 = -5

(25 = positiefgetal en -5 = negatiefgetal. Het antwoord is dus een negatiefgetal)

-169 : 13 = -13

(-169 = negatiefgetal en 13 = positiefgetal. Het antwoord is dus een negatiefgetal)

2. Breuken   Domein Getallen
2.1 Breuken verkennen

2.1.1 Wat zijn breuken?

> ↪ **Breuk:**
> Is een deling van een geheel getal met een ander geheel getal.
> Als deel van de breuk wordt het deeltal als teller aangeduid en de deler als noemer.

Voorbeeld

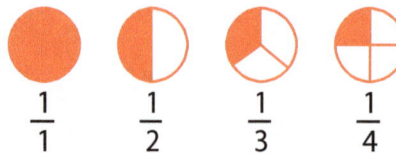

$\dfrac{1}{1}$ $\dfrac{1}{2}$ $\dfrac{1}{3}$ $\dfrac{1}{4}$

$\dfrac{3}{4}$ teller = **3** en noemer = **4**

Voorbeeld

$\dfrac{1}{2}$ betekent **1** gedeeld door **2**

$\dfrac{3}{4}$ betekent **3** gedeeld door **4**

Wanneer je bijvoorbeeld een pizza verdeelt in 4 stukken dan heb je te maken met breuken.

 1 stuk heet $\dfrac{1}{4}$ *(één vierde)*

2.1.2 Stambreuken

> ↪ **Stambreuken:**
> Dat zijn breuken waarvan de teller altijd 1 is.

Voorbeeld

$\dfrac{1}{2}$ $\dfrac{1}{4}$ $\dfrac{1}{10}$ $\dfrac{1}{16}$

2.1.3 Uitspraak van breuken

> Bij het noteren van de breuken is het belangrijk te weten hoe je de breuken uitspreekt.

Voorbeeld

$\frac{1}{2}$ = de helft of één tweede $\frac{2}{3}$ = twee derde $\frac{4}{5}$ = vier vijfde

$\frac{1}{6}$ = één zesde $\frac{1}{4}$ = een kwart of één vierde $\frac{3}{4}$ = driekwart of drie vierde

2.1.4 Gelijkwaardige breuken

> Gelijkwaardige breuken: Zijn breuken die verschillend uitzien, maar gelijk zijn in waarde

Voorbeeld

$\frac{3}{4}$ $\frac{6}{8}$

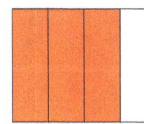   

Je ziet aan deze twee balken dat $\frac{3}{4}$ en $\frac{6}{8}$ gelijk zijn in waarde.
Ze zijn even groot in waarde.

> Om een gelijkwaardige breuk te vinden, moet je de noemer en de teller met hetzelfde getal **vermenigvuldigen** of **delen**.

Voorbeeld

$\frac{3 \times 2}{4 \times 2}$ is gelijk aan $\frac{6}{8}$ $\frac{4 :4}{12 :4}$ is gelijk aan $\frac{1}{3}$

2.1.5 Gehele getallen als breuk

> Je kunt gehele getallen zoals **1, 2, 3** of **10** ook als een breuk opschrijven.

Voorbeeld

 Deze pizza bestaat uit 4 stukken. Dit betekent dat $\frac{4}{4} = 1$

- Je kunt ook andere gehele getallen als een breuk opschrijven.

Voorbeeld

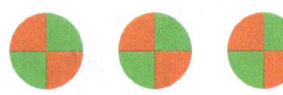

Deze pizza's zijn elk verdeeld in 4 stukken van $\frac{1}{4}$

In drie pizza's gaan 12 stukken.

Dit betekent dat $\frac{12}{4} = 3$

2.1.6 Samengestelde breuken

◦→ Samengestelde breuken:
Dat zijn breuken die bestaan uit zowel een geheel getal als een breuk.
Dit heet ook wel gemengd getal.

Voorbeeld 1

$\frac{5}{4}$ kan je schrijven als een samengestelde breuk.

Ik zie één hele pizza en een kwart ($\frac{1}{4}$)

$\frac{5}{4}$ is gelijk aan $1 + \frac{1}{4} = 1\frac{1}{4}$

Voorbeeld 2

$\frac{9}{4}$ kan je schrijven als een samengestelde breuk.

Ik zie twee hele pizza's en een kwart ($\frac{1}{4}$)

$\frac{9}{4}$ is gelijk aan $2 + \frac{1}{4} = 2\frac{1}{4}$

2.1.7 Breuken vereenvoudigen

◦→ Breuken vereenvoudigen:
Als je een breuk in de eenvoudigste vorm schrijft, noem je dat vereenvoudigen

- Om de breuk met de kleinst mogelijke getallen te kunnen vinden, moet je de teller en de noemer door hetzelfde getal delen.
  Dit doe je net zo lang, totdat het niet meer kan.

Voorbeeld

$$\frac{12\,:2}{16\,:2} = \frac{6\,:2}{8\,:2} = \frac{3}{4}$$

$$\frac{35\,:5}{45\,:5} = \frac{7}{9}$$

$$\frac{24\,:4}{48\,:4} = \frac{6\,:3}{12\,:3} = \frac{2\,:2}{4\,:2} = \frac{1}{2}$$

- De breuk kan je eenvoudig mogelijk schrijven door te kijken hoeveel keer de noemer maximaal in de teller past.

Voorbeeld

$$\frac{6}{7} + \frac{6}{7} = \frac{12}{7}$$

Stap 1   Hoeveel keer past de noemer in de teller maximaal?
De 7 (noemer) past 1x in de 12 (teller)

Stap 2   Hoeveel blijft nu over van de teller?
De 7 past 1x in de 12 dus er blijft over 12 - 7 = 5

Stap 3   Schrijf de eenvoudige breuk op. Let op! De noemer blijft altijd hetzelfde. In dit geval blijft de noemer 7.

$1\frac{5}{7}$

2.1.8 Gelijknamige breuken

> ⌨ Gelijknamige breuken:
> De noemers zijn gelijknamig.
> Gelijknamige breuken kun je optellen en aftrekken door de tellers bij elkaar op te tellen of van elkaar af te trekken.

Voorbeeld

$\frac{2}{7} \quad \frac{4}{7} \quad \frac{5}{7} \quad \frac{6}{7}$

$\frac{3}{4} \quad \frac{5}{4}$

$\frac{5}{12} \quad \frac{7}{12}$

2.2 Breuken optellen en aftrekken
2.2.1 Breuken optellen

> ∞ Breuken kun je eenvoudig optellen als ze gelijknamig zijn. De noemer is hetzelfde.

Voorbeeld

Een taart is verdeeld in vier stukken. Een stuk heet $\frac{1}{4}$

Twee stukken zijn samen $\frac{1}{4} + \frac{1}{4} = \frac{2}{4}$

> ∞ Bij het optellen van breuken tel je alleen de tellers op. De noemers blijven hetzelfde.
> De stukken blijven namelijk even groot.

Voorbeeld

Van pizza 1 eet je vier van de acht stukken, of (4/8 deel).
Van pizza 2 eet je drie van de acht stukken (3/8 deel).

In totaal heb je zeven stukken gegeten.

Hoeveelste deel is dit? $\frac{4}{8} + \frac{3}{8} = \frac{7}{8}$

Vereenvoudig het antwoord zo ver mogelijk

> ∞ Breuken vereenvoudigen:
> Als je een breuk in de eenvoudigste vorm schrijft, noem je dat vereenvoudigen.

- Om de breuk met de kleinst mogelijke getallen te kunnen vinden, moet je de teller en de noemer door hetzelfde getal delen.
  Dit doe je net zo lang, totdat het niet meer kan.

Voorbeeld

$$\frac{24}{48}{}^{:4}_{:4} = \frac{6}{12}{}^{:3}_{:3} = \frac{2}{4}{}^{:2}_{:2} = \frac{1}{2}$$

- De breuk kan je eenvoudig mogelijk schrijven door te kijken hoeveel keer de noemer maximaal in de teller past.

Voorbeeld

$$\frac{6}{7} + \frac{6}{7} = \frac{12}{7}$$

Stap 1   Hoeveel keer past de noemer in de teller maximaal?
         De 7 (noemer) past 1x in de 12 (teller)

Stap 2   Hoeveel blijft nu over van de teller?
         De 7 past 1x in de 12 dus er blijft over 12 - 7 = 5

Stap 3   Schrijf de eenvoudige breuk op. Let op! De noemer blijft altijd hetzelfde.
         In dit geval blijft de noemer 7.

$$1\frac{5}{7}$$

Ongelijknamige en samengestelde breuken optellen

   • Een breuk moet je eerst gelijknamig maken, voordat je kunt optellen.
     De noemer maak je hierbij gelijknamig.

Gemeenschappelijke noemers vinden

Voorbeeld
 1^e manier

$$\frac{1}{5} + \frac{3}{4} =$$

Let op! De noemers moet je eerst gelijknamig maken, voordat je de breuken kan optellen.

Stap 1   Noemers zijn 5 en 4
         Vinden van de gemeenschappelijke noemer: 5 x 4 = 20

Stap 2   De gemeenschappelijke noemer is 20. Deze schrijf je alvast 3 x op.

$$\frac{1}{5} + \frac{3}{4} = \frac{\Box}{20} + \frac{\Box}{20} = \frac{\Box}{20}$$

Stap 3   Het vinden van de tellers:

Kruiselings vermenigvuldigen

$$\frac{1}{5} \times \frac{3}{4} =$$ (Altijd linksboven beginnen)

1ᵉ teller   1 × 4 = 4
2ᵉ teller   3 × 5 = 15

$$\frac{1}{5} + \frac{3}{4} = \frac{4}{20} + \frac{15}{20} = \frac{\square}{20}$$

Stap 4   Tel de tellers bij elkaar op   4 + 15 = 19

$$\frac{4}{20} + \frac{15}{20} = \frac{19}{20}$$

Stap 5   Antwoord altijd zo ver mogelijk vereenvoudigen, als dit mogelijk is.

Voorbeeld

2ᵉ manier

$$\frac{5}{12} + \frac{3}{4} =$$

Stap 1   Noemers zijn 12 en 4
Vinden van de gemeenschappelijke noemer: De 12 zit in de tafel van 4   (3 × 4 = 12)

Stap 2   De gemeenschappelijke noemer is 12. Deze schrijf je alvast 3 × op.

$$\frac{5}{12} + \frac{3}{4} = \frac{\square}{12} + \frac{\square}{12} = \frac{\square}{12}$$

Stap 3   Het vinden van de tellers:

1ᵉ teller = 5

2ᵉ teller = $\frac{3}{4} = \frac{\square}{12}$

$$\frac{3^{×3}}{4_{×3}} = \frac{9}{12}$$

Als ik de noemer(4) met 3 vermenigvuldig, dan moet ik de teller (3) ook met 3 vermenigvuldigen.

$$\frac{5}{12} + \frac{3}{4} = \frac{5}{12} + \frac{9}{12} = \frac{\square}{12}$$

Stap 4   Tel de tellers bij elkaar op   5 + 9 = 14

$$\frac{5}{12} + \frac{9}{12} = \frac{14}{12}$$

Stap 5 Antwoord altijd zo ver mogelijk vereenvoudigen, als dit mogelijk is.

$$\frac{14}{12} = 1\frac{2}{12} = 1\frac{1}{6}$$

Samengestelde breuken optellen

Voorbeeld

1^e manier

$$1\frac{2}{5} + 4\frac{1}{3} =$$

Let op! De noemers moet je eerst gelijknamig maken, voordat je de breuken kan optellen.

Stap 1 Noemers zijn 5 en 3
Vinden van de gemeenschappelijke noemer: $5 \times 3 = 15$

Stap 2 De gemeenschappelijke noemer is 15. Deze schrijf je alvast 3 x op.

$$\frac{\square}{15} + \frac{\square}{15} = \frac{\square}{15}$$

Stap 3 Het vinden van de tellers:

Kruiselings vermenigvuldigen

$$1\frac{2}{5} + 4\frac{1}{3} =$$

$$\frac{2}{5} \times \frac{1}{3} = \quad \text{(Altijd linksboven beginnen)}$$

1^e teller $2 \times 3 = 6$
2^e teller $1 \times 5 = 5$

$$1\frac{2}{5} + 4\frac{1}{3} = \frac{6}{15} + \frac{5}{15} = \frac{\square}{15}$$

Stap 4 Tel de tellers bij elkaar op $6 + 5 = 11$

$$\frac{6}{15} + \frac{5}{15} = \frac{11}{15}$$

Stap 5   Tel nu de hele getallen bij elkaar op. 1+ 4 = 5

$$1\frac{2}{5} + 4\frac{1}{3} = 1\frac{6}{15} + 4\frac{5}{15} = 5\frac{11}{15}$$

Stap 6   Antwoord altijd zo ver mogelijk vereenvoudigen, als dit mogelijk is.

2^e manier

$$3\frac{5}{24} + \frac{7}{8} =$$

Stap 1   Noemers zijn 24 en 8
Vinden van de gemeenschappelijke noemer: De 24 zit in de tafel van 8   (3 x 8 = 24)

Stap 2   De gemeenschappelijke noemer is 24. Deze schrijf je alvast 3 x op.

$$\frac{\square}{24} + \frac{\square}{24} = \frac{\square}{24}$$

Stap 3   Het vinden van de tellers:

1^e teller = 5

2^e teller = $\frac{7}{8} = \frac{\square}{24}$

$$\frac{7^{\times 3}}{8_{\times 3}} = \frac{21}{24}$$

Als ik de noemer(8) met 3 vermenigvuldig, dan moet ik de teller (7) ook met 3 vermenigvuldigen.

$$3\frac{5}{24} + \frac{7}{8} = 3\frac{5}{24} + \frac{21}{24} = 3\frac{\square}{24}$$

Stap 4   Tel de tellers bij elkaar op   5 + 21 = 26

$$\frac{5}{24} + \frac{21}{24} = \frac{26}{24}$$

Stap 5   Tel nu de hele getallen bij elkaar op. 3 + 0 = 3

$$3\frac{5}{24} + \frac{7}{8} = 3\frac{5}{24} + \frac{21}{24} = 3\frac{26}{24}$$

Stap 6   Antwoord altijd zo ver mogelijk vereenvoudigen, als dit mogelijk is.

$$3\frac{26}{24} = 4\frac{2}{24} = 4\frac{1}{12}$$

2.2.2 Breuken aftrekken

> Breuken kun je eenvoudig aftrekken als ze gelijknamig zijn.
> De noemer is hetzelfde.

Voorbeeld

Een taart is verdeeld in vier stukken. Een stuk heet $\frac{1}{4}$
Van deze taart eet ik 1 stuk op.
Hoeveelste deel blijft over?

Vier stukken ($\frac{4}{4}$)   drie stukken over $\frac{4}{4} - \frac{1}{4} = \frac{3}{4}$

> Bij het aftrekken van breuken trek je alleen de tellers van elkaar af. De noemers blijven hetzelfde. De stukken blijven namelijk even groot.

Voorbeeld

Hoeveel stukken blijven over? 16/8 – 7/8 = 9/8

Er zijn twee pizza's. Elk pizza is verdeeld in acht stukken. Van pizza 1 eet je vier van de acht stukken, of (4/8 deel). Van pizza 2 eet je drie van de acht stukken (3/8 deel).

In totaal heb je zeven stukken gegeten. $\frac{16}{8} - \frac{7}{8} = \frac{9}{8}$
Er blijven dus negen stukken over.

Vereenvoudig het antwoord zo ver mogelijk

> Breuken vereenvoudigen:
> Als je een breuk in de eenvoudigste vorm schrijft, noem je dat vereenvoudigen.

- Om de breuk met de kleinst mogelijke getallen te kunnen vinden, moet je de teller en de noemer door hetzelfde getal delen. Dit doe je net zo lang, totdat het niet meer kan.

Voorbeeld

$$\frac{24}{48}\genfrac{}{}{0pt}{}{:4}{:4} = \frac{6}{12}\genfrac{}{}{0pt}{}{:3}{:3} = \frac{2}{4}\genfrac{}{}{0pt}{}{:2}{:2} = \frac{1}{2}$$

- De breuk kan je eenvoudig mogelijk schrijven, door te kijken hoeveel keer de noemer maximaal in de teller past.

Voorbeeld

$$\frac{9}{5} - \frac{3}{5} = \frac{6}{5}$$

Stap 1   Hoeveel keer past de noemer maximaal in de teller?
De 5 (noemer) past 1x in de 6 (teller)

Stap 2   Hoeveel blijft nu over van de teller?
De 5 past 1x in de 6 dus er blijft over 6 - 5 = 1

Stap 3   Schrijf de eenvoudige breuk op. Let op! De noemer blijft altijd hetzelfde. In dit geval blijft de noemer 5.

$$1\frac{1}{5}$$

Ongelijknamige en samengestelde breuken aftrekken

- Een breuk moet je eerst gelijknamig maken, voordat je het kan aftrekken. De Noemer maak je hierbij gelijknamig.

Gemeenschappelijke noemers vinden

Voorbeeld

1^e manier

$$\frac{3}{4} - \frac{1}{5} =$$

Let op! De noemers moet je eerst gelijknamig maken, voordat je de breuken kan aftrekken

Stap 1 Noemers zijn 4 en 5
Vinden van de gemeenschappelijke noemer: 4 x 5 = 20

Stap 2 De gemeenschappelijke noemer is 20. Deze schrijf je alvast 3 x op.

$$\frac{3}{4} - \frac{1}{5} = \frac{\square}{20} - \frac{\square}{20} = \frac{\square}{20}$$

Stap 3 Het vinden van de tellers:

Kruiselings vermenigvuldigen

$\frac{3}{4} \times \frac{1}{5}$ =   (Altijd linksboven beginnen)

1^e teller 3 x 5 = 15
2^e teller 1 x 1 = 4

$$\frac{3}{4} - \frac{1}{5} = \frac{15}{20} - \frac{4}{20} = \frac{\square}{20}$$

Stap 4 Trek de tellers van elkaar af   15 - 4 = 11

$$\frac{15}{20} - \frac{4}{20} = \frac{11}{20}$$

Stap 5 Antwoord altijd zo ver mogelijk vereenvoudigen, als dit mogelijk is.

2^e manier

$$\frac{9}{12} - \frac{1}{4} =$$

Stap 1 Noemers zijn 12 en 4
Vinden van de gemeenschappelijke noemer:
De 12 zit in de tafel van 4   (3 x 4 = 12)

Stap 2 De gemeenschappelijke noemer is 12. Deze schrijf je alvast 3 x op.

$$\frac{9}{12} - \frac{1}{4} = \frac{\square}{12} - \frac{\square}{12} = \frac{\square}{12}$$

Stap 3 Het vinden van de tellers:

1^e teller = 9

2^e teller = $\dfrac{1}{4}$ = $\dfrac{\square}{12}$

$\dfrac{1^{\times 3}}{4_{\times 3}} = \dfrac{3}{12}$

Als ik de noemer(4) met 3 vermenigvuldig, dan moet ik de teller (1) ook met 3 vermenigvuldigen.

$\dfrac{9}{12} - \dfrac{1}{4} = \dfrac{9}{12} - \dfrac{3}{12} = \dfrac{\square}{12}$

Stap 4 Tel de tellers bij elkaar op 9 - 3 = 6

$\dfrac{9}{12} - \dfrac{3}{12} = \dfrac{6}{12}$

Stap 5 Antwoord altijd zo ver mogelijk vereenvoudigen, als dit mogelijk is.

$\dfrac{6}{12} = \dfrac{1}{2}$

Samengestelde breuken aftrekken

Voorbeeld

1^e manier

$4\dfrac{2}{5} - 2\dfrac{1}{3} =$

Let op! De noemers moet je eerst gelijknamig maken, voordat je de breuken kan aftrekken

Stap 1 Noemers zijn 5 en 3
Vinden van de gemeenschappelijke noemer: 5 x 3 = 15

Stap 2 De gemeenschappelijke noemer is 15. Deze schrijf je alvast 3 x op.

$\dfrac{\square}{15} - \dfrac{\square}{15} = \dfrac{\square}{15}$

Stap 3   Het vinden van de tellers:

Kruiselings vermenigvuldigen

$$4\tfrac{2}{5} - 2\tfrac{1}{3} =$$

$$\cancel{\tfrac{2}{5}} \times \cancel{\tfrac{1}{3}} = \quad \text{(Altijd linksboven beginnen)}$$

1^e teller 2 × 3 = 6
2^e teller 1 × 5 = 5

$$4\tfrac{2}{5} - 2\tfrac{1}{3} = \tfrac{6}{15} - \tfrac{5}{15} = \tfrac{\square}{15}$$

Stap 4   Trek de tellers van elkaar af   6 - 5 = 1

$$\tfrac{6}{15} - \tfrac{5}{15} = \tfrac{1}{15}$$

Stap 5   Trek nu de hele getallen van elkaar af. 4 - 2 = 2

$$4\tfrac{2}{5} - 2\tfrac{1}{3} = 4\tfrac{6}{15} - 2\tfrac{5}{15} = 2\tfrac{1}{15}$$

Stap 6   Antwoord altijd zo ver mogelijk vereenvoudigen, als dit mogelijk is.

2^e manier

$$3\tfrac{7}{8} - \tfrac{5}{24} =$$

Stap 1   Noemers zijn 8 en 24
Vinden van de gemeenschappelijke noemer:
De 24 zit in de tafel van 8   (3 × 8 = 24)

Stap 2   De gemeenschappelijke noemer is 24. Deze schrijf je alvast 3 x op.

$$\tfrac{\square}{24} - \tfrac{\square}{24} = \tfrac{\square}{24}$$

Stap 3   Het vinden van de tellers:

1^e teller $= \dfrac{7}{8} = \dfrac{\square}{24}$

$\dfrac{7^{\times 3}}{8^{\times 3}} = \dfrac{21}{24}$

2^e teller $= 5$

Als ik de noemer(8) met 3 vermenigvuldig, dan moet ik de teller (7) ook met 3 vermenigvuldigen.

$$3\dfrac{7}{8} - \dfrac{5}{24} = 3\dfrac{21}{24} - \dfrac{5}{24} = 3\dfrac{\square}{24}$$

Stap 4   Trek de tellers van elkaar af $21 - 5 = 16$

$$\dfrac{21}{24} - \dfrac{5}{24} = \dfrac{16}{24}$$

Stap 5   Trek nu de hele getallen van elkaar af. $3 - 0 = 3$

$$3\dfrac{7}{8} - \dfrac{5}{24} = 3\dfrac{21}{24} - \dfrac{5}{24} = 3\dfrac{16}{24}$$

Stap 6   Antwoord altijd zo ver mogelijk vereenvoudigen, als dit mogelijk is.

$$3\dfrac{16}{24} = 3\dfrac{2}{3}$$

2.3 Breuken vermenigvuldigen en delen
2.3.1 Breuken vermenigvuldigen

Breuken en gehele getallen vermenigvuldigen
Stambreuken vermenigvuldigen met een geheel getal

☞ Stambreuken: Zijn breuken waarvan de teller altijd 1 is, zoals $\frac{1}{2}$ $\frac{1}{5}$ $\frac{1}{7}$ $\frac{1}{12}$

Voorbeeld

$$\frac{1}{4} \times 100 = 100 : 4 = 25$$

$$\frac{1}{7} \times 63 = 63 : 7 = 9$$

Andere breuken vermenigvuldigen met een geheel getal

☞ Dit kan in twee tot vier simpele stappen!

Stap 1   Je deelt het gehele getal door de noemer.

Stap 2   Je vermenigvuldigt het antwoord van stap 1 met de teller.

Bij een samengestelde breuk stap 3 en 4 nog toepassen

Stap 3   Geheel getal van de breuk nog vermenigvuldigen.

Stap 4   Antwoorden van stap 2 en stap 3 bij elkaar optellen.

1^e voorbeeld

$$\frac{3}{4} \times 100 =$$

Stap 1
$$100 : 4 = 25$$

Stap 2
$$25 \times 3 = 75$$

2ᵉ voorbeeld

$$\frac{5}{7} \text{ van } 28 =$$

Let op! **van** is hetzelfde als x (vermenigvuldigen)

Stap 1

$28 : 7 = 4$

Stap 2

$5 \times 4 = 20$

3ᵉ voorbeeld

Samengestelde breuk $2\frac{3}{4}$

$2\frac{3}{4} \times 100 =$

Stap 1

$100 : 4$ (noemer) $= 25$

Stap 2

25×3 (teller) $= 75$

Stap 3 Geheel getal van de breuk x 100
$2 \times 100 = 200$

Stap 4 Antwoorden van stap 2 en stap 3 bij elkaar optellen.
$75 + 200 = 275$

Een geheel getal vermenigvuldigen met een breuk

> ⟶ Dit kan in drie tot vijf simpele stappen!

Stap 1 Maak van het geheel getal een breuk, door middel van een breukstreep en een 1 onder het getal te plaatsen.

Stap 2

$$\frac{\text{teller} \times \text{teller}}{\text{noemer} \times \text{noemer}} =$$

Stap 3   Antwoord zo ver mogelijk vereenvoudigen.

Bij een samengestelde breuk stap 4 en 5 nog toepassen

Stap 4   Geheel getal van de breuk nog vermenigvuldigen.

Stap 5   Antwoorden van stap 3 en stap 4 bij elkaar optellen.

1^e voorbeeld

$$7 \times \frac{3}{8} =$$

Stap 1   Een breukstreep en een 1 onder het getal 7 plaatsen.

$$\frac{7}{1} \times \frac{3}{8} =$$

Stap 2

$$\frac{\text{teller} \times \text{teller}}{\text{noemer} \times \text{noemer}} =$$

$$\frac{7}{1} \times \frac{3}{8} = \frac{7 \times 3}{1 \times 8} = \frac{21}{8}$$

Stap 3   Antwoord zo ver mogelijk vereenvoudigen.

$$\frac{21}{8} = 2\frac{5}{8}$$

2^e voorbeeld

Samengestelde breuk $4\frac{3}{8}$

$$7 \times 4\frac{3}{8} =$$

Stap 1   Een breukstreep en een 1 onder het getal 7 plaatsen

$$\frac{7}{1} \times \frac{3}{8} =$$

Stap 2

$$\frac{\text{teller} \times \text{teller}}{\text{noemer} \times \text{noemer}} =$$

$$\frac{7}{1} \times \frac{3}{8} = \frac{7 \times 3}{1 \times 8} = \frac{21}{8}$$

Stap 3   Antwoord zo ver mogelijk vereenvoudigen.

$$\frac{21}{8} = 2\frac{5}{8}$$

Stap 4   Geheel getal van de breuk x 7
7 x 4 = 28

Stap 5   Antwoorden van stap 3 en stap 4 bij elkaar optellen.
7 x 4 = 28

$$2\frac{5}{8} + 28 = 30\frac{5}{8}$$

Breuken vermenigvuldigen met een andere breuk

◦► Dit kan in twee tot vier simpele stappen!

1^{e} voorbeeld

$$\frac{2}{3} \times \frac{4}{5} =$$

Stap 1

$$\frac{\text{teller} \times \text{teller}}{\text{noemer} \times \text{noemer}} =$$

$$\frac{2}{3} \times \frac{4}{5} = \frac{2 \times 4}{3 \times 5} = \frac{8}{15}$$

Stap 2   Antwoord zo ver mogelijk vereenvoudigen, als het nodig is.

2ᵉ voorbeeld

Samengestelde breuken eerst maken tot eenvoudige breuken

Samengestelde breuk $3\frac{1}{2}$ → Berekening 3 x 2 + 1 = 7 → Eenvoudige breuk wordt $\frac{7}{2}$

Samengestelde breuk $4\frac{3}{8}$ → Berekening 4 x 8 + 3 = 35 → Eenvoudige breuk wordt $\frac{35}{8}$

Som

$$2\frac{1}{3} \times 1\frac{3}{5} =$$

Stap 1 Samengestelde breuken maken tot eenvoudige breuken!

1ᵉ breuk $2\frac{1}{3}$ → Berekening 3 x 2 + 1 = 7 → Eenvoudige breuk wordt $\frac{7}{3}$

2ᵉ breuk $1\frac{3}{5}$ → Berekening 1 x 5 + 3 = 8 → Eenvoudige breuk wordt $\frac{8}{5}$

Stap 2

$$\frac{\text{teller x teller}}{\text{noemer x noemer}} =$$

$$\frac{7}{3} \times \frac{8}{5} = \frac{7 \times 8}{3 \times 5} = \frac{56}{15}$$

Stap 3 Antwoord zo ver mogelijk vereenvoudigen.

$$\frac{56}{15} = 3\frac{11}{15}$$

2ᵉ voorbeeld

Alle hele getallen en breuken van de som met elkaar vermenigvuldigen.

Som

$$2\frac{1}{3} \times 1\frac{3}{5} =$$

Stap 1   Vermenigvuldig alle hele getallen en breuken van deze som met elkaar.

$$2 \times 1 = 2$$

$$2 \times \frac{3}{5} = \frac{6}{5}$$

$$\frac{1}{3} \times 1 = \frac{1}{3}$$

$$\frac{1}{3} \times \frac{3}{5} = \frac{3}{15}$$

Stap 2   Tel vervolgens de uitkomsten bij elkaar op.
Let op! Breuken moet je eerst gelijknamig maken voordat je het kan optellen.

$$2 + \frac{6}{5} + \frac{1}{3} + \frac{3}{15} = 2 + \frac{18}{15} + \frac{5}{15} + \frac{3}{15} = 2\frac{26}{15}$$

Stap 3   Antwoord zo ver mogelijk vereenvoudigen.

$$2\frac{26}{15} = 3\frac{11}{15}$$

2.3.2. Breuken delen

> ◦→ Drie manieren
> Noemers gelijknamig maken.
> Delen door een breuk is het vermenigvuldigen met de omgekeerde breuk.
> Gehele getallen maken door de breuk te vergroten.

Breuken en gehele getallen delen

Breuken delen met een geheel getal

> ◦→ Maak van het geheel getal een breuk, door middel van een breukstreep en een 1 onder het getal te plaatsen.

Voorbeeld

$$\frac{3}{4} : 6 =$$

1ᵉ manier

Noemers gelijknamig maken.
De 6 kan je schrijven als een breuk $\quad 6 = \frac{6}{1}$

$$\frac{3}{4} : \frac{6}{1} =$$

Stap 1   Maak de noemers gelijknamig.

$$\frac{6}{1} \begin{array}{c} \times 4 \\ \times 4 \end{array} = \frac{24}{4}$$

Stap 2   Uitrekenen.

$$\frac{3}{4} : \frac{6}{1} = \frac{3}{4} : \frac{24}{4} = \frac{3 : 24}{4 : 4} = \frac{\frac{3}{24}}{1} = \frac{3}{24}$$

Stap 3   Antwoord zo ver mogelijk vereenvoudigen.

$$\frac{3}{24} = \frac{1}{8}$$

2ᵉ manier

Delen door een breuk is het vermenigvuldigen met de omgekeerde breuk.

$$\frac{3}{4} : \frac{6}{1} =$$

Stap 1   Draai alleen het tweede getal om.

$$\frac{6}{1} \text{ wordt } \frac{1}{6}$$

Stap 2   Zet een **X** teken tussen het eerste getal en het tweede omgedraaide getal.

$$\frac{3}{4} \times \frac{1}{6} =$$

Stap 3   Uitrekenen.

$$\frac{3}{4} : \frac{6}{1} = \frac{3}{4} \times \frac{1}{6} = \frac{3 \times 1}{4 \times 6} = \frac{3}{24}$$

Stap 4   Antwoord zo ver mogelijk vereenvoudigen.

$$\frac{3}{24} = \frac{1}{8}$$

3ᵉ manier
Gehele getallen maken door de breuk te vergroten

$$\frac{3}{4} : 6 =$$

Stap 1   De noemer is 4, dus ik kan alles met 4 vermenigvuldigen.

$$\frac{3}{4} \times 4 = 3$$

$$6 \times 4 = 24$$

Stap 2   Uitrekenen.

$$\frac{3}{4} : 6 = 3 : 24 = \frac{3}{24}$$

Stap 3   Antwoord zo ver mogelijk vereenvoudigen.

$$\frac{3}{24} = \frac{1}{8}$$

Een geheel getal delen met een breuk

☞ Maak van het geheel getal een breuk, door middel van een breukstreep en een 1 onder het getal te plaatsen.

Voorbeeld

$$6 : \frac{2}{5} =$$

1ᵉ manier
Noemers gelijknamig maken.
De 6 kan je schrijven als een breuk $6 = \frac{6}{1}$

$$\frac{6}{1} : \frac{2}{5} =$$

Stap 1   Maak de noemers gelijknamig.
Beide noemers zitten in tafel van 5 dus ik maak er 5 van.

Ik hoef alleen nog de breuk $\frac{6}{1}$ te veranderen in

$$\frac{6}{1} \begin{array}{c} \times 5 \\ \times 5 \end{array} = \frac{30}{5}$$

De som schrijf je nu als volg op:

$$\frac{6}{1} : \frac{2}{5} = \frac{30}{5} : \frac{2}{5} =$$

Stap 2   Uitrekenen.

$$\frac{6}{1} : \frac{2}{5} = \frac{30}{5} : \frac{2}{5} = \frac{30 : 2}{5 : 5} = \frac{15}{1} = 15$$

Stap 3   Antwoord zo ver mogelijk vereenvoudigen.

2^e manier

Delen door een breuk is het vermenigvuldigen met de omgekeerde breuk

$$6 : \frac{2}{5} =$$

Stap 1   Draai alleen het tweede getal om.

$\frac{2}{5}$ wordt $\frac{5}{2}$

Stap 2   Zet een **X** teken tussen het eerste getal en het tweede omgedraaide getal.

$$6 \times \frac{5}{2} =$$

Stap 3   Een breukstreep en een 1 onder het getal 6 plaatsen.

6 wordt $\frac{6}{1}$

Stap 4   Uitrekenen.

$$6 : \frac{2}{5} = \frac{6}{1} \times \frac{5}{2} = \frac{6 \times 5}{1 \times 2} = \frac{30}{2}$$

Stap 5   Antwoord zo ver mogelijk vereenvoudigen.

$$\frac{30}{2} = 15$$

3ᵉ manier
Gehele getallen maken door de breuk te vergroten

$$6 : \frac{2}{5} =$$

Stap 1 De noemer is 5, dus ik kan alles met 5 vermenigvuldigen.

$$6 \times 5 = 30$$

$$\frac{2}{5} \times 5 = 2$$

Stap 2 Uitrekenen.

$$6 : \frac{2}{5} = 30 : 2 = 15$$

Stap 3 Antwoord zo ver mogelijk vereenvoudigen.

Breuken delen met een andere breuk

> ⌕ Drie manieren
> Noemers gelijknamig maken.
> Delen door een breuk is het vermenigvuldigen met de omgekeerde breuk.
> Gehele getallen maken door de breuk te vergroten.

1ᵉ voorbeeld

$$\frac{4}{5} : \frac{2}{3} =$$

1ᵉ manier
Noemers gelijknamig maken.

Stap 1 Maak de noemers gelijknamig.
Beide noemers kan je delen door het getal 15.

$$15 : 5 = 3 \qquad \frac{4}{5} \text{ wordt (3x) } \frac{12}{15}$$

$$15 : 3 = 5 \qquad \frac{2}{3} \text{ wordt (5x) } \frac{10}{15}$$

De som schrijf je nu als volg op:

$$\frac{4}{5} : \frac{2}{3} = \frac{12}{15} : \frac{10}{15} =$$

Stap 2 Uitrekenen.

$$\frac{12}{15} : \frac{10}{15} = \frac{12:10}{15:15} = \frac{\frac{12}{10}}{1} = \frac{12}{10}$$

Stap 3 Antwoord zo ver mogelijk vereenvoudigen.

$$\frac{12}{10} = \frac{6}{5} = 1\frac{1}{5}$$

2^e manier
Delen door een breuk is het vermenigvuldigen met de omgekeerde breuk.

$$\frac{4}{5} : \frac{2}{3} =$$

Stap 1 Draai alleen het tweede getal om.

$$\frac{2}{3} \text{ wordt } \frac{3}{2}$$

Stap 2 Zet een **X** teken tussen het eerste getal en het tweede omgedraaide getal.

$$\frac{4}{5} \times \frac{3}{2} =$$

Stap 3 Uitrekenen.

$$\frac{4}{5} : \frac{2}{3} = \frac{4}{5} \times \frac{3}{2} = \frac{4 \times 3}{5 \times 2} = \frac{12}{10}$$

Stap 4 Antwoord zo ver mogelijk vereenvoudigen.

$$\frac{12}{10} = \frac{6}{5} = 1\frac{1}{5}$$

3^e manier
Gehele getallen maken door de breuk te vergroten

$$\frac{4}{5} : \frac{2}{3} =$$

Stap 1 Beide noemers passen een aantal keren in het getal 15, dus ik kan beide breuken vermenigvuldigen met 15.

15 : 5 = 3 $\frac{4}{5} \times 15 = 12$

15 : 3 = 5 $\frac{2}{3} \times 15 = 10$

Stap 2   Uitrekenen.

$$12 : 10 = \frac{12}{10}$$

Stap 3   Antwoord zo ver mogelijk vereenvoudigen.

$$\frac{12}{10} = \frac{6}{5} = 1\frac{1}{5}$$

2^e voorbeeld

Samengestelde breuken eerst maken tot eenvoudige breuken.

Samengestelde breuk $3\frac{1}{2}$ → Berekening 3 x 2 + 1 = 7 → Eenvoudige breuk wordt $\frac{7}{2}$

Samengestelde breuk $4\frac{3}{8}$ → Berekening 4 x 8 + 3 = 35 → Eenvoudige breuk wordt $\frac{35}{8}$

Som

$$2\frac{4}{5} : 1\frac{2}{3} =$$

Delen door een breuk is het vermenigvuldigen met de omgekeerde breuk.

Stap 1   Samengestelde breuken maken tot eenvoudige breuken!

1^e breuk $2\frac{4}{5}$ → Berekening 2 x 5 + 4 = 14 → Eenvoudige breuk wordt $\frac{14}{5}$

2^e breuk $1\frac{2}{3}$ → Berekening 1 x 3 + 2 = 5 → Eenvoudige breuk wordt $\frac{5}{3}$

Stap 2   Draai alleen het tweede getal om.

$$\frac{5}{3} \text{ wordt } \frac{3}{5}$$

Stap 3   Zet een **X** teken tussen het eerste getal en het tweede omgedraaide getal.

$$\frac{14}{5} \times \frac{3}{5} =$$

Stap 4   Uitrekenen.

$$2\frac{4}{5} : 1\frac{2}{3} = \frac{14}{5} \times \frac{3}{5} = \frac{14 \times 3}{5 \times 5} = \frac{42}{25}$$

Stap 5   Antwoord zo ver mogelijk vereenvoudigen.

$$\frac{42}{25} = 1\frac{17}{25}$$

2.4 Breuken, decimale getallen, verhoudingen en procenten

Omrekentabel

Breuk	Decimaal	Uitspraak decimaal	Verhouding	Procent
$\frac{1}{2}$	0,50	$\frac{5}{10}$	1 : 2	50%
$\frac{1}{3}$	0,33	$\frac{33}{100}$	1 : 3	33%
$\frac{1}{4}$	0,25	$\frac{25}{100}$	1 : 4	25%
$\frac{1}{5}$	0,20	$\frac{2}{10}$	1 : 5	20%
$\frac{1}{6}$	0,17	$\frac{17}{100}$	1 : 6	17%
$\frac{1}{7}$	0,14	$\frac{14}{100}$	1 : 7	14%
$\frac{1}{8}$	0,125	$\frac{125}{1000}$	1 : 8	12,5%
$\frac{1}{9}$	0,11	$\frac{11}{100}$	1 : 9	11%
$\frac{1}{10}$	0,10	$\frac{1}{10}$	1 : 10	10%
$\frac{1}{11}$	0,09	$\frac{9}{100}$	1 : 11	9%
$\frac{1}{12}$	0,08	$\frac{8}{100}$	1 : 12	8%

2.4.1 Het omrekenen van decimalen naar breuken

- **Decimale getallen:**
  Zijn getallen met cijfers achter de komma. 3,7 (7 = zeven tiende).

- **Breuk:**
  Is een deling van een geheel getal met een ander geheel getal.
  Als deel van de breuk wordt het deeltal als teller aangeduid en de deler als noemer.

- De uitspraak van decimale getallen is belangrijk als je goed wilt omrekenen.
  - Eén cijfer achter de komma spreek je uit als tiende
  - Twee cijfers achter de komma spreek je uit als honderdste
  - Drie cijfers achter de komma spreek je uit als duizendste

Voorbeeld

0,3
Dit getal heeft één cijfer achter de komma, dus ik spreek dit uit als $\frac{3}{10}$

0,17
Dit getal heeft twee cijfers achter de komma, dus ik spreek dit uit als $\frac{17}{100}$

0,129
Dit getal heeft drie cijfers achter de komma, dus ik spreek dit uit als $\frac{129}{1000}$

- Een breuk moet je altijd zo ver mogelijk vereenvoudigen.

Voorbeeld

$$0,6 = \frac{6}{10} : 2 = \frac{3}{5}$$

$$0,20 = \frac{20}{100} : 10 = \frac{2}{10} : 2 = \frac{1}{5}$$

$$0,125 = \frac{125}{1000} : 5 = \frac{25}{200} : 5 = \frac{5}{40} : 5 = \frac{1}{8}$$

2.4.2 Het omrekenen van decimalen naar verhoudingen

☞ Verhouding:
Zijn getallen, figuren, ingrediënten, producten die ten opzichte van elkaar een vaste verhouding hebben. Dit wordt meestal aangegeven met twee getallen in een vorm van een breuk of een dubbele punt tussen twee getallen.

$$\frac{3}{4} \text{ of } 3:4$$

Het betekent 3 staat tot 4 of 3 van de vier stukken. Het geeft dus een verband tussen aantallen en hoeveelheden.

☞ Decimale getallen:
Zijn getallen met cijfers achter de komma. 3,7 (7 = zeven tiende).

Stap 1   Reken de decimale getallen om naar breuken.

Stap 2   Reken vervolgens de breuken om naar verhoudingen.
decimalen → breuken → verhoudingen

Voorbeeld

$$0{,}60 = \frac{6}{10} : 2 = \frac{3}{5}$$

(Een breuk moet je altijd zo ver mogelijk vereenvoudigen)
Verhouding = 3 : 5

$$0{,}125 = \frac{125}{1000} : 5 = \frac{25}{200} : 5 = \frac{5}{40} : 5 = \frac{1}{8}$$

(Een breuk moet je altijd zo ver mogelijk vereenvoudigen)
Verhouding = 1 : 8

$$0{,}3 = \frac{3}{10}$$

Verhouding = 3 : 10

2.4.3 Het omrekenen van decimalen naar procenten

> ◦ Decimale getallen:
> Zijn getallen met cijfers achter de komma. 3,7 (7 = zeven tiende).

> ◦ Procent:
> Met procenten geeft men aan hoe groot een deel van het geheel is.
>
> Per 100 ($\frac{1}{100}$)

> ◦ Het omrekenen van decimale getallen naar procenten:
> Decimaal getal x 100 = procent %

Tip: Als je een decimaal getal x 100 doet verschuift de komma twee plaatsen naar rechts.

Voorbeeld

0,3	=	(x 100)	**30%**
1,25	=	(x 100)	**125%**
0,125	=	(x 100)	**12,5%**
0,1357	=	(x 100)	**13,57%**

2.4.4 Het omrekenen van breuken naar decimalen

> ◦ Decimale getallen :
> Zijn getallen met cijfers achter de komma. 3,7 (7 = zeven tiende).

> ◦ Breuk: :
> Is een deling van een geheel getal met een ander geheel getal.
> Als deel van de breuk wordt het deeltal als teller aangeduid en de deler als noemer.

Voorbeeld

1^e manier

Tabel uit het hoofd kennen

Voorbeeld Breuk $\frac{3}{5}$

Je weet dat $\frac{1}{5}$ gelijk is aan 0,2

$\frac{3}{5}$ is dus 3 x 0,2 = **0,6**

$$1\frac{3}{4} =$$

Je weet dat $\frac{1}{4}$ gelijk is aan $0{,}25$

$\frac{3}{4}$ is dus $3 \times 0{,}25 = 0{,}75$

$1 + 0{,}75 = 1{,}75$

2ᵉ manier

Voorbeeld Breuk $\frac{3}{5}$

Stap 1

$$\frac{3}{5} = \frac{\square}{100}$$

Stap 2 $5 \times \ldots = 100$ ($100:5=20$)

Stap 3   Je hebt de noemer (5) met 20 vermenigvuldigd om 100 te krijgen.
Je moet de teller (3) dan ook met 20 vermenigvuldigen.
$3 \times 20 = 60$

Stap 4   De breuk ziet er als volg uit

$$\frac{3 \times 20}{5 \times 20} = \frac{60}{100}$$

Stap 5   Hoe vinden wij het decimale getal?
$60 : 100 = 0{,}60$ (Bij delen door 100 verschuift de komma twee plaatsen naar links)

$\frac{3}{5} = 0{,}60$

Voorbeeld

Breuk $1\frac{3}{4}$

Stap 1

$$\frac{3}{4} = \frac{\square}{100}$$

Stap 2 4 x ... = 100 (100:4=25)

Stap 3 Je hebt de noemer (4) met 25 vermenigvuldigd om 100 te krijgen.
Je moet de teller (3) dan ook met 25 vermenigvuldigen.
3 x 25 = 75

Stap 4 De breuk ziet er als volg uit

$$\frac{3}{4}\frac{\times 25}{\times 25} = \frac{75}{100}$$

Stap 5 Hoe vinden wij het decimale getal?
75 : 100 = 0,75 (Bij delen door 100 verschuift de komma twee plaatsen naar links)

$$\frac{3}{4} = 0,75$$

Stap 6

$$1\frac{3}{4} = 1 + 0,75 = 1,75$$

(geheel getal nog optellen)

2.4.5 Het omrekenen van breuken naar verhoudingen

> ⌘ Breuk:
> Is een deling van een geheel getal met een ander geheel getal.
> Als deel van de breuk wordt het deeltal als teller aangeduid en de deler als noemer.

> ⌘ Verhouding:
> Zijn getallen, figuren, ingrediënten, producten die ten opzichte van elkaar een vaste verhouding hebben. Dit wordt meestal aangegeven met twee getallen in een vorm van een breuk of een dubbele punt tussen twee getallen.
>
> $\frac{3}{4}$ of **3 : 4**
>
> Het betekent 3 staat tot 4 of 3 van de vier stukken. Het geeft dus een verband tussen aantallen en hoeveelheden

Voorbeeld 1

> ⌘ Een breuk geeft getallen aan die ten opzichte van elkaar een vaste verhouding hebben. Een breuk is dus ook hetzelfde als een verhouding.

1ᵉ breuk $\dfrac{3}{4}$ Betekent 3 staat tot 4.
Verhouding 3 : 4

2ᵉ breuk $\dfrac{5}{7}$ Betekent 5 staat tot 7.
Verhouding 5 : 7

Voorbeeld 1

◦ Samengestelde breuken eerst maken tot eenvoudige breuken, voordat je gaat omrekenen.

Samengestelde breuken maken tot eenvoudige breuken!

1ᵉ breuk $3\dfrac{1}{2}$ = Berekening 3 x 2 + 1 = 7 → Eenvoudige breuk wordt $\dfrac{7}{2}$

$\dfrac{7}{2}$ Betekent 7 staat tot 2.
Verhouding 7 : 2

2ᵉ breuk $1\dfrac{1}{3}$ = Berekening 1 x 3 + 1 = 4 → Eenvoudige breuk wordt $\dfrac{4}{3}$

$\dfrac{4}{3}$ Betekent 4 staat tot 3.
Verhouding 4 : 3

2.4.6 Het omrekenen van breuken naar procenten

◦ Procent:
Met procenten geeft men aan hoe groot een deel van het geheel is.

Per 100 ($\dfrac{1}{100}$)

◦ Breuk:
Is een deling van een geheel getal met een ander geheel getal.
Als deel van de breuk wordt het deeltal als teller aangeduid en de deler als noemer.

◦ Een eenvoudige stap om breuken om te rekenen naar procenten:

Breuk vermenigvuldigen met 100%. ($\dfrac{\square}{\square}$ x 100% = ...)

1ᵉ voorbeeld

$$\frac{3}{4} \times 100\% =$$

Stap 1 100 : 4 = 25

Stap 2 25 x 3 = 75%

2ᵉ voorbeeld

Samengestelde breuk $2\frac{3}{4}$

$$2\frac{3}{4} \times 100\% =$$

Stap 1 100 : 4 (noemer) = 25

Stap 2 25 x 3 (teller) = 75%

Stap 3 Geheel getal van de breuk x 100
2 x 100% = 200%

Stap 4 Antwoorden van stap 2 en stap 3 bij elkaar optellen.
75 + 200 = 275%

2.4.7 Het omrekenen van verhoudingen naar breuken

> ❧ Verhouding:
> Zijn getallen, figuren, ingrediënten, producten die ten opzichte van elkaar een vaste verhouding hebben. Dit wordt meestal aangegeven met twee getallen in een vorm van een breuk of een dubbele punt tussen twee getallen
>
> $\frac{3}{4}$ of 3 : 4
>
> Het betekent 3 staat tot 4 of 3 van de vier stukken.
> Het geeft dus een verband tussen aantallen en hoeveelheden.

> ❧ Breuk:
> Is een deling van een geheel getal met een ander geheel getal. Als deel van de breuk wordt het deeltal als teller aangeduid en de deler als noemer.

◦ Een breuk geeft getallen aan die ten opzichte van elkaar een vaste verhouding hebben. Een breuk is dus ook hetzelfde als een verhouding.

1^e voorbeeld

3 : 4 Betekent 3 staat tot 4.

Breuk $\frac{3}{4}$

2^e voorbeeld

5 : 7 Betekent 5 staat tot 7.

Breuk $\frac{5}{7}$

2.4.8 Het omrekenen van verhoudingen naar decimalen

◦ Verhouding:
Zijn getallen, figuren, ingrediënten, producten die ten opzichte van elkaar een vaste verhouding hebben. Dit wordt meestal aangegeven met twee getallen in een vorm van een breuk of een dubbele punt tussen twee getallen.

$\frac{3}{4}$ of **3 : 4**

Het betekent 3 staat tot 4 of 3 van de vier stukken.
Het geeft dus een verband tussen aantallen en hoeveelheden.

◦ Decimale getallen:
Zijn getallen met cijfers achter de komma. 3,7 (7 = zeven tiende).

1^e manier

Verhouding: 3 : 5 (Een breuk is hetzelfde als een verhouding)

De breuk die erbij hoort is $\frac{3}{5}$

Je weet dat $\frac{1}{5}$ gelijk is aan 0,20 (zie tabel)

$\frac{3}{5}$ is dus 3 x 0,20 = 0,60

2^e manier

3 : 5 (Een breuk is hetzelfde als een verhouding)

Stap 1   Verhouding opschrijven als een breuk.

De breuk die erbij hoort is $\frac{3}{5}$

Stap 2 $\frac{3}{5} = \frac{\square}{100}$

Stap 3   5 x ... = 100 (100:5=20)
Je hebt de noemer (5) met 20 vermenigvuldigd om 100 te krijgen.
Je moet de teller (3) dan ook met 20 vermenigvuldigen. 3 x 20 = 60

Stap 4   De breuk ziet er als volg uit

$\frac{3 \times 20}{5 \times 20} = \frac{60}{100}$

Stap 5   Hoe vinden wij het decimale getal?
60 : 100 = 0,60 (Bij delen door 100 verschuift de komma twee plaatsen naar links)

$\frac{3}{5} = 0,60$

2.4.9 Het omrekenen van verhoudingen naar procenten

> **Verhouding:**
> Zijn getallen, figuren, ingrediënten, producten die ten opzichte van elkaar een vaste verhouding hebben. Dit wordt meestal aangegeven met twee getallen in een vorm van een breuk of een dubbele punt tussen twee getallen
>
> $\frac{3}{4}$ of $3:4$
>
> Het betekent 3 staat tot 4 of 3 van de vier stukken.
> Het geeft dus een verband tussen aantallen en hoeveelheden.

> **Procent:**
> Met procenten geeft men aan hoe groot een deel van het geheel is.
>
> Per 100 ($\frac{1}{100}$)

Voorbeeld 1

Verhouding: 3 : 5   (Een breuk is hetzelfde als een verhouding)

De breuk die erbij hoort is $\frac{3}{5}$

Je weet dat $\frac{1}{5}$ gelijk is aan 0,20 (zie tabel)

$\frac{3}{5}$ is dus 3 x 0,20 = 0,60

Voorbeeld 2

Verhouding: 1 : 8 (Een breuk is hetzelfde als een verhouding)

De breuk die erbij hoort is $\frac{1}{8}$

Je weet dat $\frac{1}{8}$ gelijk is aan 0,125 (zie tabel)

Tip:

Als je een decimaal getal x 100 doet verschuift de komma twee plaatsen naar rechts.

0,125 = (x 100) 12,5%

2.4.10 Het omrekenen van procenten naar breuken

ᑢ Procent:
Met procenten geeft men aan hoe groot een deel van het geheel is.

Per 100 ($\frac{1}{100}$)

ᑢ Breuk:
Is een deling van een geheel getal met een ander geheel getal.
Als deel van de breuk wordt het deeltal als teller aangeduid en de deler als noemer.

Voorbeeld

Som 1   60% : 100 = 0,6
Dit getal heeft 1 cijfer achter de komma, dus ik spreek dit uit als $\frac{6}{10}$
Let op! Een breuk moet je altijd zo ver mogelijk vereenvoudigen.

$0,60 = \frac{6}{10} : 2 = \frac{3}{5}$

Som 2   12,5% : 100 = 0,125
Dit getal heeft 3 cijfers achter de komma, dus ik spreek dit uit als $\frac{125}{1000}$
Let op! Een breuk moet je altijd zo ver mogelijk vereenvoudigen.

$0,125 = \frac{125}{1000} : 5 = \frac{25}{200} : 5 = \frac{5}{40} : 5 = \frac{1}{8}$

2.4.11 Het omrekenen van procenten naar decimalen

> ❧ Procent:
> Met procenten geeft men aan hoe groot een deel van het geheel is.
>
> Per 100 ($\frac{1}{100}$)

> ❧ Decimale getallen:
> Zijn getallen met cijfers achter de komma. 3,7 (7 = zeven tiende).

> ❧ Het omrekenen van decimale getallen naar procenten:
> procent % : 100 = Decimale getal

Tip:
Als je een decimaal getal vermenigvuldigt met 100 dan verschuift de komma twee plaatsen naar rechts.

Voorbeeld

0,3	=	(x 100)	**30%**
1,25	=	(x 100)	**125%**
0,125	=	(x 100)	**12,5%**
0,1357	=	(x 100)	**13,57%**

2.4.12 Het omrekenen van procenten naar verhoudingen

> ❧ Verhouding:
> Zijn getallen, figuren, ingrediënten, producten die ten opzichte van elkaar een vaste verhouding hebben. Dit wordt meestal aangegeven met twee getallen in een vorm van een breuk of een dubbele punt tussen twee getallen
>
> $\frac{3}{4}$ of 3 : 4
>
> Het betekent 3 staat tot 4 of 3 van de vier stukken.
> Het geeft dus een verband tussen aantallen en hoeveelheden.

> ❧ Procent:
> Met procenten geeft men aan hoe groot een deel van het geheel is.
>
> Per 100 ($\frac{1}{100}$)

Voorbeeld

Som 1   60% : 100 = 0,6
Dit getal heeft 1 cijfer achter de komma, dus ik spreek dit uit als $\frac{6}{10}$

Let op! Een breuk moet je altijd zo ver mogelijk vereenvoudigen.

0,60 = $\frac{6}{10}$: 2 = $\frac{3}{5}$

Verhouding = 3 : 5

Som 2   12,5% : 100 = 0,125
Dit getal heeft 3 cijfers achter de komma, dus ik spreek dit uit als $\frac{125}{1000}$

Let op! Een breuk moet je altijd zo ver mogelijk vereenvoudigen.

0,125 = $\frac{125}{1000}$: 5 = $\frac{25}{200}$: 5 = $\frac{5}{40}$: 5 = $\frac{1}{8}$

Verhouding = 1 : 8

3 Decimale getallen

Domein Getallen

3.1 Decimale getallen ordenen, weergeven en aflezen

> ◦➤ Decimale getallen:
> Zijn getallen met cijfers achter de komma. 3,7 (7 = zeven tiende).

> ◦➤ De uitspraak van decimale getallen is belangrijk als je goed wilt omrekenen.
>
> Eén cijfer achter de komma spreek je uit als tiende
> Twee cijfers achter de komma spreek je uit als honderdste
> Drie cijfers achter de komma spreek je uit als duizendste

Voorbeeld

37,45

T	E	,	T	H
3	7	,	4	5

Uitspraak: Zevenendertig komma vijfenveertig honderdste.

Wat is de 4 waard in het getal 37,45? Viertiende (0,4)
Wat is de 5 waard in het getal 37,45? Vijfhonderdste (0,05)

Tip:

Schrijf de decimale getallen altijd netjes onder elkaar, voordat je hiermee gaat rekenen. Op deze manier voorkom je fouten.

Voorbeeld

Fout

	7	8	,	3	5
6	,	1	2	7	
	1	2	2	,	9
0	,	8	9		
	2	7			
1	1	6	,	1	2	3
5	,	4			

Goed

		7	8	,	3	5
			6	,	1	2	7
	1	2	2	,	9	
			0	,	8	9
		2	7			
	1	1	6	,	1	2	3
			5	,	4	

3.2 Decimale getallen optellen en aftrekken op papier

3.2.1 Decimale getallen handig optellen

> ↪ Zet de getallen netjes onder elkaar voordat je ze gaat optellen

Voorbeeld

$8,435 + 245,57 =$

```
  8,435
245,570 +
---------
254,005
```

3.2.2 Decimale getallen handig aftrekken

> ↪ Zet de getallen netjes onder elkaar voordat je ze gaat aftrekken

Voorbeeld 1

$84,02 - 15,935 =$

```
84,020
15,935 -
--------
68,085
```

Voorbeeld 2

$26,5 - 19,7 = 6,8$

265
197

200 - 100 = 100
 60 - 090 = -30
  5 -   7 = -2

           68

68 wordt 6,8

3.3 Decimale getallen handig vermenigvuldigen en delen

3.3.1 Decimale getallen handig vermenigvuldigen

> Bij het vermenigvuldigen van decimale getallen met 10, 100 of 1000 verschuift de komma één, twee of drie plaatsen naar rechts. ->

Voorbeeld

37,56

37,56 x **10**   = 375,6   (komma verschuift één plaats naar rechts)
37,56 x **100** = 3756,0 (komma verschuift twee plaatsen naar rechts)
37,56 x **1000** = 37560,0 (komma verschuift drie plaatsen naar rechts)

> Decimaal getal vermenigvuldigen met een decimaal getal

Voorbeeld

0,4 x 13,5 =

Stap 1   Komma's wegwerken.
         De som is nu   0,4 x 13,5 = 4 x 135

Stap 2   De som uitrekenen zonder komma's.
         4 x 135 = 540

Stap 3   Kijk naar de originele som. (0,4 x 13,5)
         Hoeveel cijfers tel je samen achter de komma?

         1^e getal (0,4) heeft 1 cijfer achter de komma

         2^e getal (13,5) heeft 1 cijfer achter de komma

         Samen heb ik 2 cijfers achter de komma.

Stap 4   Plaats de komma nu op de goede plek.
         Hoeveel cijfers tel je samen achter de komma?

         4 x 135 = 540
         0,4 x 13,5 (Samen heb je twee cijfers achter de komma)

         Antwoord 5,40

3.3.2 Decimale getallen handig delen

> Bij delen van decimale getallen met 10, 100 of 1000 verschuift de komma één, twee of drie plaatsen naar links. <-

Voorbeeld

375,6

375,6 : **10**   = 37,56   (komma verschuift één plaats naar links)
375,6 : **100** = 3,756   (komma verschuift twee plaatsen naar links)
375,6 : **1000** = 0,3756 (komma verschuift drie plaatsen naar links)

Vergroten en verkleinen

> Vermenigvuldig eerst beide getallen met hetzelfde getal om de decimalen weg te werken of de getallen eenvoudig te maken.

Voorbeeld

127,5 : 5 =

127,5 : **5 =**
  x2   x2

255 : 10 = 25,5

> Deel eerst beide getallen met hetzelfde getal om getallen eenvoudig te maken.

Voorbeeld

135 : 15 =

135 : **15 =**
 : 5   : 5

27 : 3 = 9

De komma's weg werken door de decimale getallen met 10 of 100 te vermenigvuldigen.

Voorbeeld

8,10   : **0,90 =**
x 100   x 100
810   : 90 = 9

4,2   : **0,6 =**
x 10   x 10
42   : 6 = 7

7,2   : **0,09 =**
x 100   x 100
720   : 9 = 80

3.4 Decimale getallen afronden

> \> 5 rond je af naar boven
> < 5 rond je af naar beneden

Rond af op een geheel getal

Als het eerste decimaal > 5 is, verhoog je de hele met 1 en laat je de decimalen weg.
6,578 ≈ 7

Als het eerste decimaal < 5 is, blijft de hele hetzelfde en laat je de decimalen weg.
15,376 ≈ 15

Rond af op één decimaal

Als het tweede decimaal > 5 is, verhoog je de eerste decimaal met 1.
7,37 ≈ 7,4

Als het tweede decimaal < 5 is, blijft de eerste decimaal zo.
14,34 ≈ 14,3

Rond af op twee decimalen

Als het derde decimaal > 5 is, verhoog je de tweede decimaal met 1.
123,618 ≈ 123,62

Als het derde decimaal < 5 is, blijft de tweede decimaal zo.
891,482 ≈ 891,48

4 Machtsverheffen en worteltrekken   Domein Getallen
4.1 Machtsverheffen

☞ **Machtgetal:**
Geeft aan hoe vaak een getal met zichzelf vermenigvuldigd moet worden.

$$4^3 = 4 \times 4 \times 4 = 64$$

(machtgetal)

☞ **Machtsverheffen:**
Bij machtsverheffen wordt een getal herhaaldelijk met zichzelf vermenigvuldigd.

$$3^2 = 3 \times 3 = 9$$

☞ **Exponent:**
Geeft aan hoeveel keer het grondgetal in de vermenigvuldiging voorkomt.

3^2 (2 = exponent en 3 = grondgetal)

☞ **Kwadrant:**
Een grondgetal met een exponent van 2 (voorbeeld: 4^2).

Machtsverheffen op papier

Voorbeeld

$$3^5 = 3 \times 3 \times 3 \times 3 =$$

Stap 1 $3^5 = 3 \times 3 \times 3 \times 3 =$
                   _/   _/
                    9   9

Stap 2   **9 x 9 x 3**
            _/
            81

Stap 3   **81 x 3 = 243**

Machten van 10

Tip:
De exponenten geven aan hoeveel nullen je achter de 1 moet plaatsen.

10^2 = 1.00 = honderd
10^3 = 1.000 = duizend
10^6 = 1.000.000 = miljoen
10^9 = 1.000.000.000 = miljard
10^{12} = 1.000.000.000.000 = biljoen
10^{15} = 1.000.000.000.000.000 = biljard

4.2 Worteltrekken

☞ Worteltrekken:
Het berekenen van de wortel van een getal.

Voorbeeld

$\sqrt{49}$ = 7 want 7 x 7 = 49

$\sqrt[3]{6}$ = 2 want 2 x 2 x 2 = 6

$\sqrt[4]{81}$ = 3 want 3 x 3 x 3 x 3 = 81

Wortel schatten

Voorbeeld 1

$\sqrt{20}$ ≈ 4,5
4 is te klein, want 4 x 4 = 16
5 is te groot, want 5 x 5 = 25

$\sqrt{20}$ ligt dus tussen de 4 en 5 in.

Het antwoord van $\sqrt{20}$ is ongeveer 4,5

Voorbeeld 2

$\sqrt{92}$ ≈ 9,5
9 is te klein, want 9 x 9 = 81
10 is te groot, want 10 x 10 = 100

$\sqrt{92}$ dus tussen de 9 en 10 in.

Het antwoord van $\sqrt{92}$ is ongeveer 9,5

5   Rekenregels
5.1   Rekenregels

Domein Getallen

☞ **Rekenregels:**
Zijn afspraken over de volgorde waarin bewerkingen moeten worden uitgevoerd.
Het gaat om de bewerkingen optellen, aftrekken, vermenigvuldigen, delen, machtsverheffen en worteltrekken.

☞ De volgorde van de bewerkingen is als volgt (van links naar rechts)

1. Haakjes wegwerken
2. Machtsverheffen en worteltrekken
3. Vermenigvuldigen en delen
4. Optelen en aftrekken

- Gelijkwaardige bewerkingen, zoals optellen en aftrekken, vermenigvuldigen en delen worden van links naar rechts uitgevoerd.
  Het is in de volgorde waarin je ze leest.

Voorbeeld 1

$$7 + 3 \times 4 - 8 =$$
$$3 \times 4 = 12$$
$$7 + 12 - 8 = 11$$

Voorbeeld 2

$$18 + 4^2 \times 6 - 3^2 =$$
$$18 + 16 \times 6 - 9 =$$
$$18 + 96 - 9 = 105$$

Voorbeeld 3

$$18 : (4+2)^2 =$$
$$18 : 3 + 6^2 =$$
$$6 + 36 = 42$$

5.2 Rekenen met negatieve getallen

Tip:

$(+\ -)$ wordt $-$
$(-\ -)$ wordt $+$

Voorbeeld

$8 - -3 = 8 + 3 = 11$
$9 + -5 = 9 - 5 = 4$

☞ **Onthouden!**
Je hebt twee stokken nodig om een kruis te maken. ✚

Tip:

$(-)$ = pinnen / geld opnemen
$(+)$ = geld storten

Voorbeeld

$-13 + 7 = -6$
(Negatief saldo is € -13. Je stort € 7 op de bank. Je staat nu nog € 6 in de min)
$-24 - -16 = -24 + 16 = -8$
$-10 + -6 = -10 - 6 = -16$

Tip:

$+/-$: Je kunt denken aan de temperatuur.
(Gisteren was het -3° Vandaag is het 4° Het verschil in temperatuur is
$-3° - 4° = -7°$. Het is dus 7° graden verschil)

Voorbeeld

$8 \times -6 = -48$
$-7 \times -9 = 63$
$24 : -6 = -4$
$-56 : -8 = 7$

1 Verhoudingen

Domein Verhoudingen

1.1 Wat zijn verhoudingen?

> ⌦ Verhouding:
> Zijn getallen, figuren, ingrediënten, producten die ten opzichte van elkaar een vaste verhouding hebben. Dit wordt meestal aangegeven met twee getallen in een vorm van een breuk of een dubbele punt tussen twee getallen.
>
> $\frac{3}{4}$ of $3:4$
>
> Het betekent 3 staat tot 4 of 3 van de vier stukken. Het geeft dus een verband tussen aantallen en hoeveelheden.

Voorbeeld

Eén op twee mensen gaat met het openbaarvervoer naar hun werk.
Het gaat hier om de verhouding tussen het aantal, dat met het openbaar vervoer naar hun werk gaan en het totaal aantal mensen.

De automobilist reed 110 kilometer per uur binnen de bebouwdekom.
Het gaat hier om de verhouding tussen de afstand in kilometers en de tijd in uren.

> ⌦ Verhoudingstabel:
> Hiermee kun je de verhouding bijvoorbeeld tussen de prijs van een product en de hoeveelheid van dat product weergeven. Het is een hulpmiddel om het verband tussen twee getallenreeksen nauwkeurig weer te geven

Voorbeeld

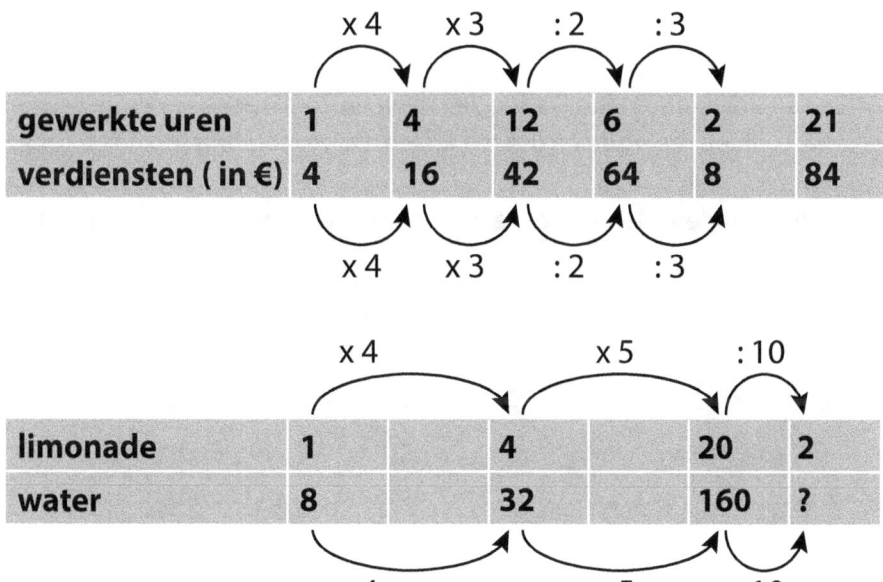

1.2 Rekenen met verhoudingen

Bij het rekenen met verhoudingen kan je gebruik maken van verhoudingstabellen

> ⇨ Verhoudingstabellen:
> - Hiermee kan je prijzen of hoeveelheden vergelijken met elkaar.
> - Je kunt met een tussenstap werken
> - In een verhoudingstabel is de verhouding tussen de bovenste rij en de onderste rij steeds gelijk.
> - Je kunt berekenen hoe een hoeveelheid verdeeld is.
> - Weergeeft een verdeling van een bepaald aantal.

Voorbeeld 1

4.500 mensen gaan naar een concert. Hiervan komt 1.500 met het openbaar vervoer. Wat is de verhouding tussen het totaal aantal mensen en de mensen die met het openbaar vervoer zijn gekomen?

De verhouding van het aantal mensen met het openbaarvervoer ten opzichte van het totaal aantal mensen is 1 : 3

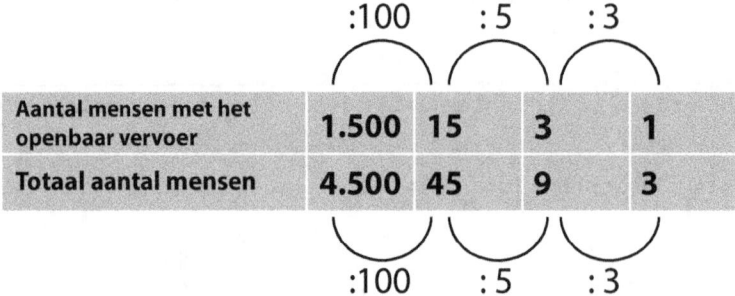

Voorbeeld 2

In een kralendoos vind ik 85 rode kralen en 207 groene kralen. Ik wil een lange draad rijgen met rode en groene kralen. De verhouding tussen de rode en de groene kralen is 2 : 5
Hoeveel rode kralen en hoeveel groene kralen kan ik maximaal uit dit doosje gebruiken?

		x10	x 2	x 2
Rode kralen	2	20	40	80
Groene kralen	5	50	100	200
Totaal aantal kralen	7	70	140	280
		x10	x 2	x 2

1.3 Verhoudingen, breuken, decimalen, procenten
1.3.1 Omrekentabel

Breuk	Decimaal	Uitspraak decimaal	Verhouding	Procent
$\frac{1}{2}$	0,50	$\frac{5}{10}$	1 : 2	50%
$\frac{1}{3}$	0,33	$\frac{33}{100}$	1 : 3	33%
$\frac{1}{4}$	0,25	$\frac{25}{100}$	1 : 4	25%
$\frac{1}{5}$	0,20	$\frac{2}{10}$	1 : 5	20%
$\frac{1}{6}$	0,17	$\frac{17}{100}$	1 : 6	17%
$\frac{1}{7}$	0,14	$\frac{14}{100}$	1 : 7	14%
$\frac{1}{8}$	0,125	$\frac{125}{1000}$	1 : 8	12,5%
$\frac{1}{9}$	0,11	$\frac{11}{100}$	1 : 9	11%
$\frac{1}{10}$	0,10	$\frac{1}{10}$	1 : 10	10%
$\frac{1}{11}$	0,09	$\frac{9}{100}$	1 : 11	9%
$\frac{1}{12}$	0,08	$\frac{8}{100}$	1 : 12	8%

1.3.2 Het omrekenen van decimalen naar verhoudingen

> **Verhouding:**
> Zijn getallen, figuren, ingrediënten, producten die ten opzichte van elkaar een vaste verhouding hebben. Dit wordt meestal aangegeven met twee getallen in een vorm van een breuk of een dubbele punt tussen twee getallen.
>
> $$\frac{3}{4} \text{ of } 3:4$$
>
> Het betekent 3 staat tot 4 of 3 van de vier stukken. Het geeft dus een verband tussen aantallen en hoeveelheden.

> **Decimale getallen:**
> Zijn getallen met cijfers achter de komma. 3,7 (7 = zeven tiende).

Stap 1   Reken de decimale getallen om naar breuken.

Stap 2   Reken vervolgens de breuken om naar verhoudingen.

$$\text{decimalen} \rightarrow \text{breuken} \rightarrow \text{verhoudingen}$$

Voorbeeld

$$0{,}60 = \frac{6}{10} : 2 = \frac{3}{5}$$

(Een breuk moet je altijd zo ver mogelijk vereenvoudigen)
Verhouding = 3 : 5

$$0{,}125 = \frac{125}{1000} : 5 = \frac{25}{200} : 5 = \frac{5}{40} : 5 = \frac{1}{8}$$

(Een breuk moet je altijd zo ver mogelijk vereenvoudigen)
Verhouding = 1 : 8

$$0{,}3 = \frac{3}{10}$$

Verhouding = 3 : 10

1.3.3 Het omrekenen van decimalen naar procenten

> **Decimale getallen:**
> Zijn getallen met cijfers achter de komma. 3,7 (7 = zeven tiende).

◦ **Procent:**
Met procenten geeft men aan hoe groot een deel van het geheel is.

Per 100 ($\frac{1}{100}$)

◦ **Het omrekenen van decimale getallen naar procenten:**
Decimaal getal **x 100 = procent %**

Tip: Als je een decimaal getal x 100 doet verschuift de komma twee plaatsen naar rechts.

Voorbeeld

0,3	=	(x 100)	**30%**
1,25	=	(x 100)	**125%**
0,125	=	(x 100)	**12,5%**
0,1357	=	(x 100)	**13,57%**

1.3.4 Het omrekenen van breuken naar verhoudingen

◦ **Breuk:**
Is een deling van een geheel getal met een ander geheel getal.
Als deel van de breuk wordt het deeltal als teller aangeduid en de deler als noemer.

◦ **Verhouding:**
Zijn getallen, figuren, ingrediënten, producten die ten opzichte van elkaar een vaste verhouding hebben. Dit wordt meestal aangegeven met twee getallen in een vorm van een breuk of een dubbele punt tussen twee getallen.

$\frac{3}{4}$ of 3 : 4

Het betekent 3 staat tot 4 of 3 van de vier stukken. Het geeft dus een verband tussen aantallen en hoeveelheden.

◦ Een breuk geeft getallen aan die ten opzichte van elkaar een vaste verhouding hebben.
Een breuk is dus ook hetzelfde als een verhouding.

Voorbeeld 1

1^e breuk $\quad \frac{3}{4} \quad$ Betekent 3 staat tot 4.
$\qquad\qquad\qquad\qquad$ Verhouding 3 : 4

2^e breuk $\quad \frac{5}{7} \quad$ Betekent 5 staat tot 7.
$\qquad\qquad\qquad\qquad$ Verhouding 5 : 7

☞ Samengestelde breuken eerst maken tot eenvoudige breuken, voordat je gaat omrekenen.

Samengestelde breuken maken tot eenvoudige breuken!

Voorbeeld 2

1^e breuk $\quad 3\frac{1}{2} =$ Berekening $3 \times 2 + 1 = 7 \;\rightarrow\;$ Eenvoudige breuk wordt $\;\frac{7}{2}$

$\qquad\qquad\;\; \frac{7}{2}\;$ Betekent 7 staat tot 2.
$\qquad\qquad\qquad$ Verhouding 7 : 2

2^e breuk $\quad 1\frac{1}{3} =$ Berekening $1 \times 3 + 1 = 4 \;\rightarrow\;$ Eenvoudige breuk wordt $\;\frac{4}{3}$

$\qquad\qquad\;\; \frac{4}{3}\;$ Betekent 4 staat tot 3.
$\qquad\qquad\qquad$ Verhouding 4 : 3

1.3.5 Het omrekenen van breuken naar procenten

☞ Procent:
Met procenten geeft men aan hoe groot een deel van het geheel is.

Per 100 ($\frac{1}{100}$)

☞ Breuk:
Is een deling van een geheel getal met een ander geheel getal.
Als deel van de breuk wordt het deeltal als teller aangeduid en de deler als noemer.

☞ Een eenvoudige stap om breuken om te rekenen naar procenten:

Breuk vermenigvuldigen met 100%. ($\frac{\square}{\square}$ x 100% = ...)

1^e voorbeeld

$$\frac{3}{4} \times 100\% =$$

Stap 1   100 : 4 = 25

Stap 2   25 x 3 = 75%

2^e voorbeeld

Samengestelde breuk $2\frac{3}{4}$

$2\frac{3}{4}$ x 100% =

Stap 1   100 : 4 (noemer) = 25

Stap 2   25 x 3 (teller) = 75%

Stap 3   Geheel getal van de breuk x 100
             2 x 100% = 200%

Stap 4   Antwoorden van stap 2 en stap 3 bij elkaar optellen.
             75 + 200 = 275%

1.3.6 Het omrekenen van breuken naar procenten

- Verhouding:
  Zijn getallen, figuren, ingrediënten, producten die ten opzichte van elkaar een vaste verhouding hebben. Dit wordt meestal aangegeven met twee getallen in een vorm van een breuk of een dubbele punt tussen twee getallen

  $\frac{3}{4}$ of **3 : 4**

  Het betekent 3 staat tot 4 of 3 van de vier stukken.
  Het geeft dus een verband tussen aantallen en hoeveelheden.

- Breuk:
  Is een deling van een geheel getal met een ander geheel getal. Als deel van de breuk wordt het deeltal als teller aangeduid en de deler als noemer.

- Een breuk geeft getallen aan die ten opzichte van elkaar een vaste verhouding hebben. Een breuk is dus ook hetzelfde als een verhouding.

1ᵉ voorbeeld

> 3 : 4 Betekent 3 staat tot 4.
>
> Breuk $\dfrac{3}{4}$

2ᵉ voorbeeld

> 5 : 7 Betekent 5 staat tot 7.
>
> Breuk $\dfrac{5}{7}$

1.3.7 Het omrekenen van verhoudingen naar decimalen

> ◦➤ **Verhouding:**
> Zijn getallen, figuren, ingrediënten, producten die ten opzichte van elkaar een vaste verhouding hebben. Dit wordt meestal aangegeven met twee getallen in een vorm van een breuk of een dubbele punt tussen twee getallen.
>
> Het betekent 3 staat tot 4 of 3 van de vier stukken.
> Het geeft dus een verband tussen aantallen en hoeveelheden.

> ◦➤ **Decimale getallen:**
> Zijn getallen met cijfers achter de komma. 3,7 (7 = zeven tiende).

1ᵉ manier

> Verhouding: 3: 5 (Een breuk is hetzelfde als een verhouding)
>
> De breuk die erbij hoort is $\dfrac{3}{5}$
>
> Je weet dat $\dfrac{1}{5}$ gelijk is aan 0,20   (zie tabel)
>
> $\dfrac{3}{5}$ is dus 3 x 0,20 = 0,60

2ᵉ manier

> 3: 5 (Een breuk is hetzelfde als een verhouding)

Stap 1   Verhouding opschrijven als een breuk.

De breuk die erbij hoort is $\frac{3}{5}$

Stap 2 $\frac{3}{5} = \frac{\square}{100}$

Stap 3   5 x ... = 100 (100:5=20)
Je hebt de noemer (5) met 20 vermenigvuldigd om 100 te krijgen.
Je moet de teller (3) dan ook met 20 vermenigvuldigen. 3 x 20 = 60

Stap 4   De breuk ziet er als volg uit

$\frac{3 \times 20}{5 \times 20} = \frac{60}{100}$

Stap 5   Hoe vinden wij het decimale getal?
60: 100= 0,60 (Bij delen door 100 verschuift de komma twee plaatsen naar links)

$\frac{3}{5} = 0{,}60$

1.3.8 Het omrekenen van verhoudingen naar procenten

Verhouding:
Zijn getallen, figuren, ingrediënten, producten die ten opzichte van elkaar een vaste verhouding hebben. Dit wordt meestal aangegeven met twee getallen in een vorm van een breuk of een dubbele punt tussen twee getallen

$\frac{3}{4}$ of **3 : 4**

Het betekent 3 staat tot 4 of 3 van de vier stukken.
Het geeft dus een verband tussen aantallen en hoeveelheden.

Procent:
Met procenten geeft men aan hoe groot een deel van het geheel is.

Per 100 ($\frac{1}{100}$)

Voorbeeld

Verhouding: 3: 5   (Een breuk is hetzelfde als een verhouding)

De breuk die erbij hoort is $\frac{3}{5}$

Je weet dat $\frac{1}{5}$ gelijk is aan 0,20   (zie tabel)

$\frac{3}{5}$ is dus 3 x 0,20 = 0,60

Tip:

Als je een decimaal getal x 100 doet verschuift de komma twee plaatsen naar rechts.

0,6 = (x 100) 60%

Verhouding: 1 : 8   (Een breuk is hetzelfde als een verhouding)

De breuk die erbij hoort is $\frac{1}{8}$

Je weet dat $\frac{1}{8}$ gelijk is aan 0,125   (zie tabel)

Tip:

Als je een decimaal getal x 100 doet verschuift de komma twee plaatsen naar rechts.

0,125 = (x 100) 12,5%

1.3.9 Het omrekenen van procenten naar breuken

> **Procent:**
> Met procenten geeft men aan hoe groot een deel van het geheel is.
>
> Per 100

> **Breuk:**
> Is een deling van een geheel getal met een ander geheel getal.
> Als deel van de breuk wordt het deeltal als teller aangeduid en de deler als noemer.

Voorbeeld

Som 1   60% : 100 = 0,6
Dit getal heeft 1 cijfer achter de komma, dus ik spreek dit uit als $\frac{6}{10}$
Let op! Een breuk moet je altijd zo ver mogelijk vereenvoudigen.

$0,60 = \frac{6}{10} : 2 = \frac{3}{5}$

Som 2   12,5% : 100 = 0,125
Dit getal heeft 3 cijfers achter de komma, dus ik spreek dit uit als $\frac{125}{1000}$
Let op! Een breuk moet je altijd zo ver mogelijk vereenvoudigen.

$0,125 = \frac{125}{1000} : 5 = \frac{25}{200} : 5 = \frac{5}{40} : 5 = \frac{1}{8}$

1.3.10 Het omrekenen van procenten naar decimalen

- Procent:
  Met procenten geeft men aan hoe groot een deel van het geheel is.
  Per 100 ($\frac{1}{100}$)

- Decimale getallen:
  Zijn getallen met cijfers achter de komma. 3,7 (7 = zeven tiende).

- Het omrekenen van decimale getallen naar procenten:
  procent % : 100 = Decimale getal

Tip:
Als je een decimaal getal vermenigvuldigt met 100 dan verschuift de komma twee plaatsen naar rechts.

Voorbeeld

0,3 = (x 100) **30%**
1,25 = (x 100) **125%**
0,125 = (x 100) **12,5%**
0,1357 = (x 100) **13,57%**

1.3.11 Het omrekenen van procenten naar verhoudingen

- Verhouding:
  Zijn getallen, figuren, ingrediënten, producten die ten opzichte van elkaar een vaste verhouding hebben. Dit wordt meestal aangegeven met twee getallen in een vorm van een breuk of een dubbele punt tussen twee getallen
  $\frac{3}{4}$ of 3 : 4
  Het betekent 3 staat tot 4 of 3 van de vier stukken.
  Het geeft dus een verband tussen aantallen en hoeveelheden.

- Procent:
  Met procenten geeft men aan hoe groot een deel van het geheel is.
  Per 100 ($\frac{1}{100}$)

Voorbeeld

Som 1   60% : 100 = 0,6
Dit getal heeft 1 cijfer achter de komma, dus ik spreek dit uit als $\frac{6}{10}$

Let op! Een breuk moet je altijd zo ver mogelijk vereenvoudigen.

$0,60 = \frac{6}{10} : 2 = \frac{3}{5}$ Verhouding is 3:5

Som 2   12,5% : 100 = 0,125
Dit getal heeft 3 cijfers achter de komma, dus ik spreek dit uit als $\frac{125}{1000}$

Let op! Een breuk moet je altijd zo ver mogelijk vereenvoudigen.

$0,125 = \frac{125}{1000} : 5 = \frac{25}{200} : 5 = \frac{5}{40} : 5 = \frac{1}{8}$ Verhouding is 1:8

(Een breuk is hetzelfde als een verhouding)

2 Procenten
2.1 Wat zijn procenten?

> ⌐ Procenten:
> Betekent per 100 ($\frac{1}{100}$).
>
> Procenten gebruik je om aan te geven hoe groot een deel is van het geheel.
> Het geheel is altijd 100%

1% = 1 van de 100 = ($\frac{1}{100}$) = 0,01

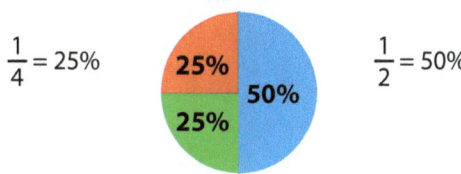

$\frac{1}{4}$ = 25% $\frac{1}{2}$ = 50%

Voorbeeld

6% van 300 =
1% van 300 = 300:100 = 3
6% van 300 = 6 x 3 = 18

120% van 60 =
1% van 60 = 60:100 = 0,6
120% van 60 = 120 x 0,6 = 72

2.2 Rekenen met procenten

Om procenten te berekenen kan je eerst 1% van het totaal berekenen. Daarna bereken je hoe vaak 1% er in past.

Voorbeeld

Een kinderfiets kost €225,- en is nu in de aanbieding. Deze kinderfiets kost nu €180,-. Hoeveel procent korting krijg je?

De oplossing:
€225,- - €180,- = €45,-
1% van €225,- = €2,25
€45,- = 45 : 2,25 = 20
De korting is dus 20%

3 Verhoudingen en kansen Domein Verhoudingen

> ◦→ Kansberekening:
> Houdt zich vooral bezig met het berekenen van uitkomsten die geen zekerheid hebben. Bijvoorbeeld het berekenen van de kansen bij de resultaten van een onderzoekje of experiment.

Kansberekeningen komen vaker voor dan dat wij denken. Denk aan de voorspelling van het weer. Hier wordt zeker gebruik gemaakt van kansberekeningen. Denk ook aan loterijen en kaartspelen. Je maakt vaak gebruik van een verhouding bij het berekenen van je kansen.

Voorbeeld 1

Een complete set kaarten bestaat uit 52 kaarten. Ik heb dus 52 mogelijkheden om de juiste kaart te trekken die ik graag wil hebben. Ik trek één kaart uit een spel.
Wat is de kans dat ik een boer trek?

Oplossing

Er zitten vier boeren in een kaartenspel. Het aantal juiste mogelijkheden is 4.
Let op! Een breuk moet je altijd zo ver mogelijk vereenvoudigen.
De kans op een boer is:

$$\frac{\text{aantal juiste mogelijkheden}}{\text{totaal aantal mogelijkheden}} = \frac{4}{52} = \frac{1}{13}$$

De kans dat je een boer trekt, is 1 op 13 (1:13)

Voorbeeld 2

De kans op Suikerziekte is 40% en de kans op Astma is 60%.
Hoe groot is de kans dat je last krijgt van Suikerziekte en Astma?

Oplossing

Suikerziekte = 40%

$$40\% = \frac{40}{100} = \frac{4}{10} = \frac{2}{5}$$

De kans dat je last krijgt van Suikerziekte, is 2 op 5 (2 : 5)

Astma = 60%

$$60\% = \frac{60}{100} = \frac{6}{10} = \frac{3}{5}$$

De kans dat je last krijgt van Astma, is 3 op 5 (3 : 5)

4 Verhoudingen en schatten   Domein Verhoudingen

📖 Schaal:
Is een verkleinde weergave van de werkelijkheid. bv een tekening op schaal 1:50.
Dit wil zeggen dat 1 cm op de tekening in werkelijkheid 50x zo groot is (50cm).

Voorbeeld

Deze scooter is getekend op schaal 1 : 40.
De scooter is op de tekening 4 cm lang.
Dit betekent dat 1 cm op de tekening 40 cm in werkelijkheid is.
Hoelang is deze scooter in werkelijkheid?

Oplossing
De scooter is in werkelijkheid 4 x 40 = 160 cm lang.

1 Meten en meetkunde

Domein Meten en meetkunde

1.1 Meetkundige begrippen

Tera = 1.000.000.000.000 (biljoen)
Giga = 1.000.000.000 (miljard)
Mega = 1.000.000 (miljoen)
Kilo = 1.000 (duizend)
Hecto = 100 (honderd)
Deca = 10 (tien)
Meter = 1 (één)
Deci = 0,1 (tiende)
Centi = 0,01 (honderdste)
Milli = 0,001 (duizendste)
Micro = 0,000.001 (miljoenste)
Nano = 0,000.000.001 (miljardste)

Schema eenheden en symbolen

Grootheid	Eenheid		2e eenheid	
	Benaming	Symbool	Benaming	Symbool
Lengte	meter	**m**	centimeter	**cm**
Oppervlakte	vierkante meter	**m^2**	vierkante centimeter	**cm^2**
Inhoud	kubieke meter	**m^3**	liter	**L**
Gewicht	gram	**g**	kilogram	**Kg**
Tijd	seconde	**s**	uur	**U**
Temperatuur	graden Celsius	**°C**	Kelvin	**K**
Snelheid	meter per seconde	**m/s**	kilometer per uur	**km/u** **km/h**
Energie	joule	**J**	calorie	**Cal**

☞ **Referentiematen:**
Zijn maten om te schatten hoe groot of hoe lang iets is. Je kunt een vergelijking maken met een maat die je kent.
Zo'n maat heet referentiemaat (volwassen man ≈ 1,80m, verdieping ≈ 3 m hoog).

1.2 Tweedimensionale - of vlakke figuren

Lijnen

Tekening	Begrip	Kenmerk
	Horizontaal	Is een lijnstuk dat liggend van links naar rechts loopt.
	Verticaal	Is een lijn die van beneden naar boven loopt.
	Evenwijdig/parallel	Lijnen hebben dezelfde richting, snijden elkaar niet en afstanden tussen de lijnen blijven constant gelijk.
	Gestrekte hoek	Is een hoek van 180°. Het is dus een rechte lijn.
	Scherpe hoek	Is een hoek die kleiner is dan 90° (<90°).
	Stompe hoek	Is een hoek die groter is dan 90° (>90°).
	Rechte hoek	Is een haakse hoek van 90°.

◦ **Loodrecht:**
Lijnen die elkaar onder een rechte hoek (90°) snijden, noemen we loodrecht of haaks.

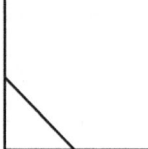

◦ **Symmetrieas:**
Is een lijn die een ruimtelijk figuur in twee helften verdeelt, zodat de figuur aan de ene kant van de lijn het spiegelbeeld is van de figuur aan de andere kant.

lijn symmetrie

◦ **Diagonalen:**
Lijnen tussen de hoeken die dwars door de figuur gaan.
Deze lijnen verbinden de hoeken in een figuur met elkaar.

 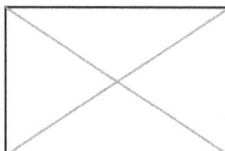 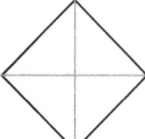 

Vlakke figuren

Figuur	Benaming	Kenmerk
	Vierkant (360°)	- Vier gelijke zijden. - Vier rechte hoeken.
	Rechthoek (360°)	- Tegenovergestelde zijden zijn gelijk. - Vier rechte hoeken.
	Ruit (360°)	- Zijden tegenover elkaar zijn evenwijdig. - Alle zijden zijn even lang. - Tegenover elkaar liggende hoeken zijn even groot. - De diagonalen van een ruit staan loodrecht op elkaar en delen elkaar doormidden.
	Vlieger (360°)	- De diagonalen van een vlieger staan loodrecht op elkaar.
	Trapezium (360°)	- Twee zijden zijn altijd even lang. - Twee zijden die tegenover elkaar staan, zijn evenwijdig aan elkaar.
	Parallellogram (360°)	- De zijden tegenover elkaar zijn evenwijdig aan elkaar. - De zijden tegenover elkaar zijn even lang. - De hoeken die tegenover elkaar liggen zijn even groot.

Vlakke figuren

Figuur	Benaming	Kenmerk
	Cirkel (360°)	- Is een ronde figuur - Het middelpunt van een cirkel wordt aangegeven met een m. - De middenlijn heet een diameter (d). - De helft van een diameter heet een straal (r).
	Rechthoekige driehoek (180°)	- Heeft een rechte hoek van (90°)
	Gelijkbenige driehoek (180°)	- Heeft twee zijden die even lang zijn. - Twee hoeken zijn altijd even groot.
	Gelijkzijdige driehoek (180°)	- Alle drie zijden zijn even lang. - Alle drie de hoeken zijn 60°.
	Stomphoekige driehoek (180°)	- Heeft één stompe hoek (> 90°)
	Scherphoekige driehoek (180°)	- Heeft alleen maar scherpe hoeken (< 90°)

1.3 Driedimensionale figuren

Figuur	Benaming	Kenmerk
	Kubus	- Alle ribben (zijden) zijn even lang. - Alle hoeken zijn recht (90°). - 6 gelijke vlakken.
	Balk	- Alle hoeken zijn recht (90°). - 6 vlakken.
	Prisma	- Het grondvlak en het bovenvlak zijn precies dezelfde driehoek/vierhoek. - De zijvlakken zijn allemaal rechthoeken.
	Piramide	- Het grondvlak is een veelhoek (meestal een vierhoek). - De zijvlakken zijn driehoeken die bij elkaar komen in de top van de piramide.

Driedimensionale figuren

Figuur	Benaming	Kenmerk
	Cilinder	- Het grond- en bovenvlak zijn dezelfde cirkels. - De cilindermantel is een gebogen vlak dat overal dezelfde hoogte heeft.
	Kegel	- Het grondvlak is een cirkel. - De kegelmantel is een gebogen vlak dat samenkomt in de top.
	Bol	- Alle punten op de buitenkant van de bol hebben de dezelfde afstand tot het middelpunt.

↪ **Uitslag:**
Als je een ruimtelijk figuur langs de ribben losknipt, krijg je een tweedimensionale bouwplaat. Zo'n bouwplaat noem je de uitslag van een ruimtelijk figuur.

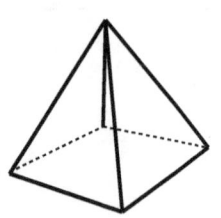 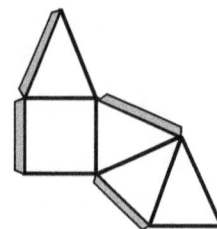  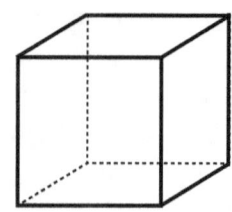

1.4 Omtrek en Oppervlakte

- Omtrek:
  De omtrek van een figuur is de lengte die je om een figuur heen meet.
  Je voorstellen alsof je ergens omheen loopt of een hek om iets maakt.

- Oppervlakte:
  Geeft de grootte van de bovenste laag van een figuur, voorwerp of bouwwerk aan.
  De eenheid spreek je uit als m^2. Het betekent meter in het kwadraat (m x m)

- Pi : Symbool π.
  Het een rekenbegrip om de omtrek of de oppervlakte van een cirkel te kunnen uitrekenen.
  Spreek je uit als pie.
  $\pi = 3,14$

- Straal:
  Is de afstand van het middelpunt naar elke punt op de cirkelrand.
  Wordt aangegeven met de letter **r**

- Diameter:
  Is de afstand tussen twee punten op de cirkelrand. Wordt aangegeven met de letter **d**.
  Dit wordt ook wel middenlijn genoemd.

- Basis:
  De onderkant van een driehoek of parallellogram.
  De Basis staat altijd loodrecht op de hoogte.

- Lengte:
  Langste meeting van een rechthoek en het heeft ook te maken met hoe lang iets duurt.

- Vierkante:
  Geeft de oppervlakte van een tweedimensionaal/vlakke figuur aan (m^2)

- Are:
  Is een oppervlaktemaat en is gelijk aan 100 m^2.

- Hectare:
  Is een oppervlaktemaat die gelijk is aan 10.000 m^2 (1hm^2).

Omtrek en Oppervlakte

Figuur	Omtrek	Oppervlakte
rechthoek	2 x lengte + 2 x breedte 2 x l + 2 x b = 2 x 4 + 2 x 2 = 12 cm	lengte x breedte l x b 4 x 2 = 8 cm^2
vierkant	4 x zijde (z + z + z + z) 4 x z = 4 x 2 = 8 cm	zijde x zijde z x z = 2 x 2 = 4 cm^2
parallellogram	basis + zijde + zijde + zijde b + z + z + z = 3 + 2,2 + 3 + 2,2 = 10,4 cm	basis x hoogte b x h = 3 x 2 = 6 cm^2
driehoek	basis + zijde + zijde b + z + z = 3 + 2,2 + 2,8 = 8 cm	basis x hoogte : 2 b x h : 2 = 3 x 2 : 2 = 3 cm^2
cirkel	diameter x π d x π = 3 x 3,14 = 9,4 cm	π x straal^2 π x r^2 = 3,14 x 1,5^2 = 7,1cm^2

1.5 Inhoud

☞ **Inhoud:**
De inhoud druk je uit in kubieke (m^3, dm^3, cm^3).
Je gebruikt de formule: lengte x breedte x hoogte (lxbxh) om de Inhoud van een ruimtelijk figuur uit te rekenen.

☞ **Kubieke:**
Geeft de inhoud van een driedimensionaal figuur aan (m^3)

Inhoud	
Figuur	**Inhoud berekenen**
kubus (3 cm x 3 cm x 3 cm)	Inhoud kubus: lengte x breedte x hoogte l x b x h = 3 x 3 x 3 = 27 cm^3
balk (4 cm x 3 cm x 2 cm)	Inhoud balk: lengte x breedte x hoogte l x b x h = 4 x 3 x 2 = 24 cm^3
prisma (b = 2 cm, h = 5 cm, h = 4 cm) en cilinder (h = 5 cm, r = 2 cm)	Inhoud prisma: oppervlakte grondvlak x hoogte (b x h : 2) x h = (2 x 4 : 2) x 5 = 20 cm^3 Inhoud cilinder: oppervlakte grondvlak x hoogte ($\pi \times r^2$) x h = (3,14 x 2^2) x 5 = 62,8 cm^3

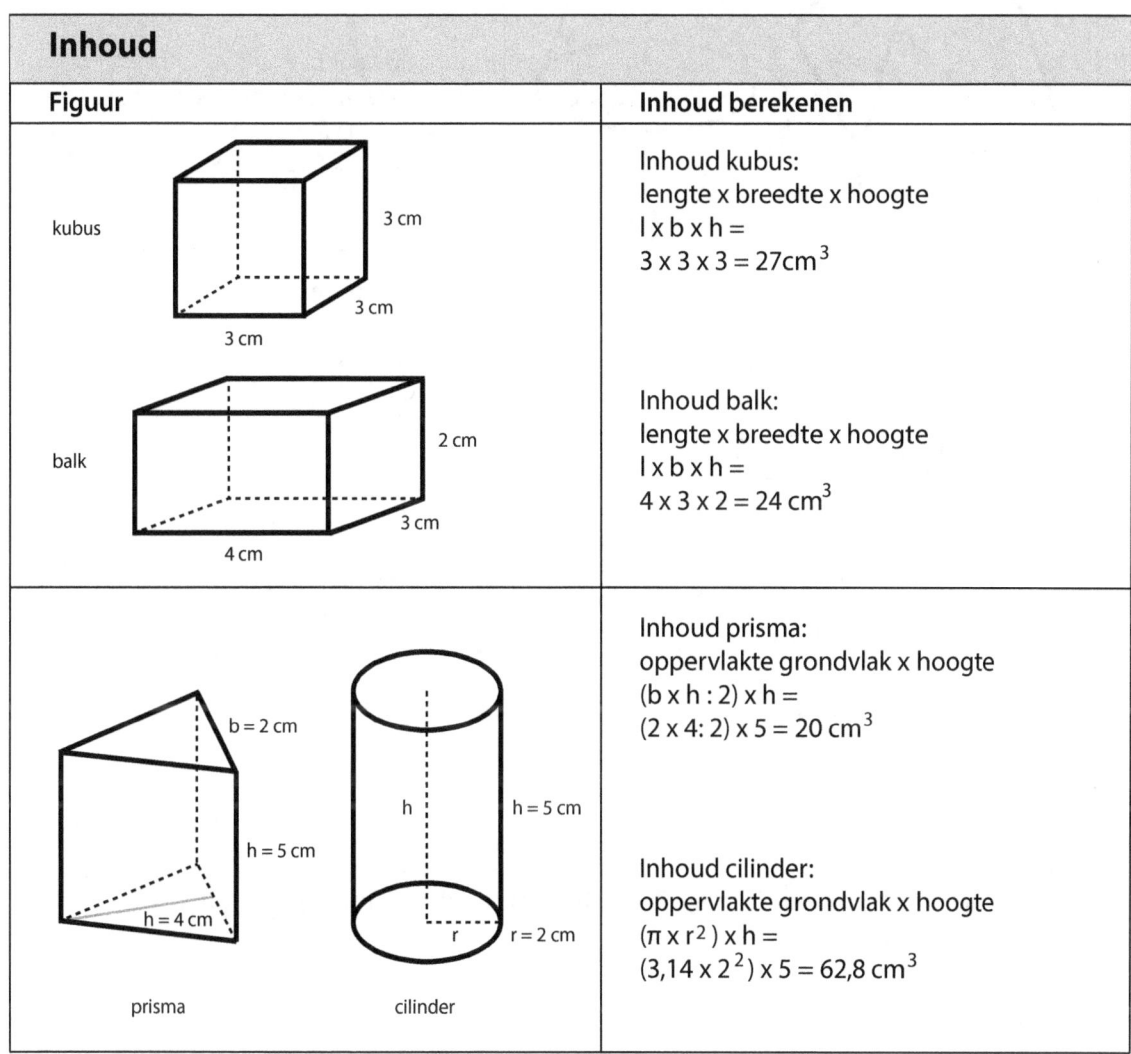

Inhoud

Figuur	Inhoud berekenen
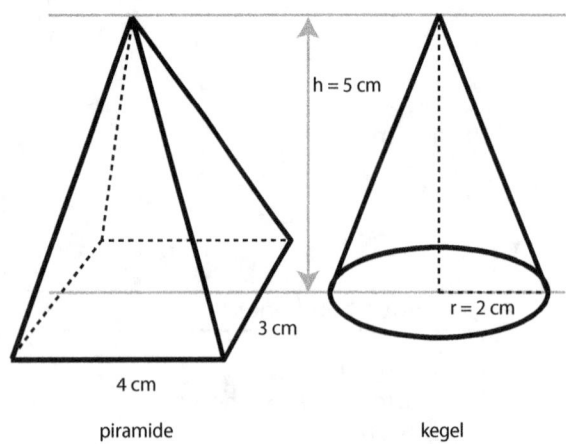 piramide kegel	**Inhoud piramide:** oppervlakte grondvlak x hoogte : 3 (l x b) x h : 3 = (4 x 3) x 5 : 3 = 20 cm³ **Inhoud kegel:** oppervlakte grondvlak x hoogte : 3 (π x r²) x h : 3 = (3,14 x 2²) x 5 : 3 = 20,9 cm³
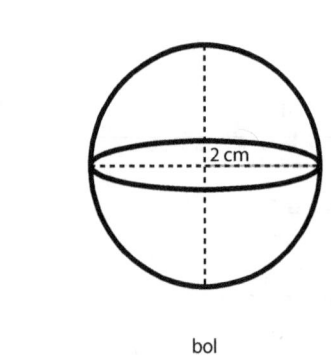 bol	**Inhoud bol 1e manier:** $\frac{4}{3}$ x π x straal³ = $\frac{4}{3}$ x π x r³ = $\frac{4}{3}$ x 3,14 x 2³ = 33,5 cm³ **Inhoud bol 2e manier:** $\frac{1}{6}$ x π x diameter³ = $\frac{1}{6}$ x π x d³ = $\frac{1}{6}$ x 3,14 x 4³ = 33,5 cm³

1.6 Gewicht

- **Ons:**
  Is een gewichtseenheid die gelijk is aan 100 gram (gr) of 1 hectogram (hg).

- **Pond:**
  Gewichtseenheid die gelijk is aan een halve kilogram (500gr).

- **Ton:**
  Gewichtswaarde = 1000kg

◦ Gewichten:
Worden uitgedrukt uit eenheden als; kilogram (kg), gram (gr), milligram (mg) etc

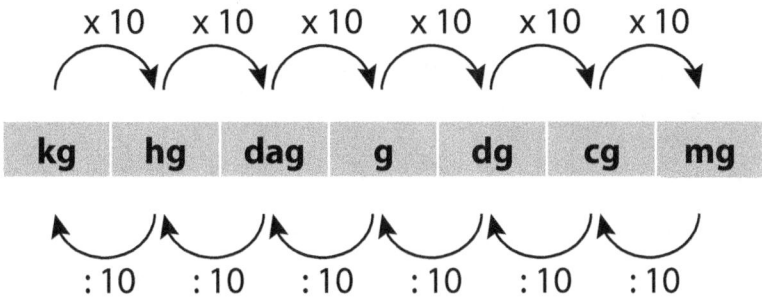

1.7 Tijd

1 minuut	= 60 seconden
1 uur	= 60 minuten
1 dag	= 24 uur
1 week	= 7 dagen
1 maand	= 30 dagen
1 kwartaal	= 13 weken
1 jaar	= 4 kwartalen / 365 dagen / 52 weken / 12 maanden
1 decennium	= 10 jaar
1 eeuw	= 100 jaar
1 millennium	= 1.000 jaar

◦ Digitale tijden
Op een digitale klok geef je tienden, honderdsten en duizendsten aan met een komma

Voorbeeld

2 uur : 13 minuten : 9 seconden, 25 honderdsten

2 : 13 : 09,25

◦ Analoge tijden
Gaat van 0 tot 12 uur. De korting AM (voor de middag) en PM (na de middag) gebruikt.

1.8 Temperatuur

Voor temperatuur worden de eenheden Kelvin (K) of graden Fahrenheit (°F) gebruikt.
Als antwoord schrijf je altijd graden Celsius (°C).

> - Kokend water is ongeveer 100 °C (kookpunt)
> - IJs smelt bij 0 °C (smeltpunt)
> - Vijf graden onder nul = -5 °C
> - 10 graden = 10 °C
> - -20 °C + 3 °C = -17 °C
> - 7 °C + - 2 °C = 5 °C

1.9 Schaal

> - Plattegrond:
>   Is een tekening op schaal. Je kunt hierop de afstanden en afmetingen aflezen.
>   Het is een soort bovenaanzicht.

Voorbeeld

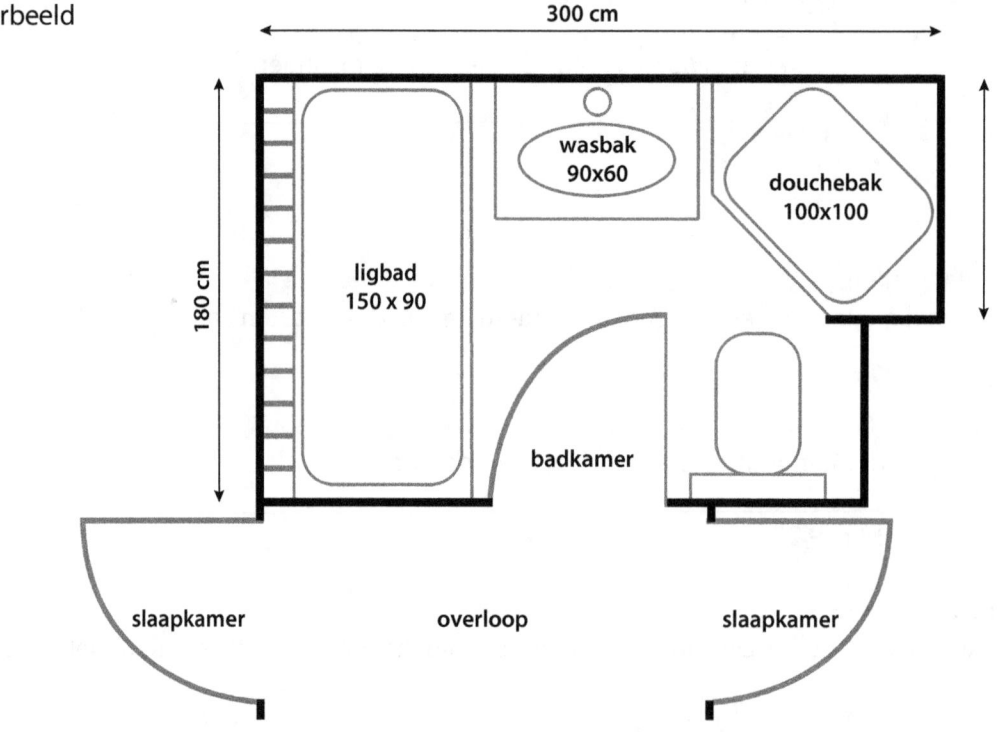

Op de plattegrond van deze badkamer kan je de maten aflezen

Voorbeeld

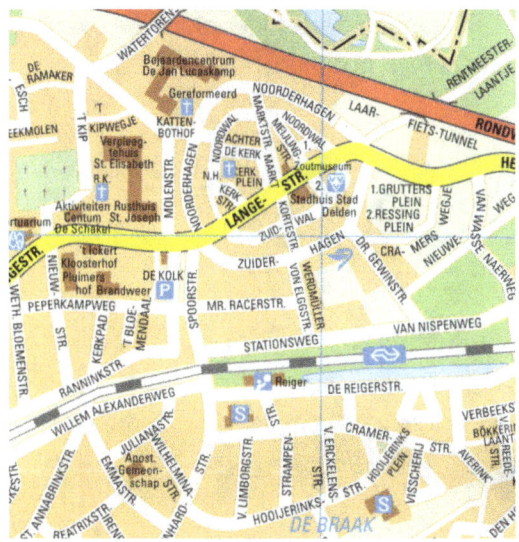

Plattegrond van een stad op schaal getekend

Rekenen met schaal

> Schaal:
> Is een verkleinde weergave van de werkelijkheid. bv een tekening op schaal 1:50.
> Dit wil zeggen dat 1 cm op de tekening in werkelijkheid 50x zo groot is (50cm).

Voorbeeld

Deze scooter is getekend op schaal 1 : 40. De scooter is op de tekening 4 cm lang.
Dit betekent dat 1 cm op de tekening 40 cm in werkelijkheid is.
Hoelang is deze scooter in werkelijkheid?

Oplossing

De scooter is in werkelijkheid 4 x 40 = 160 cm lang.

◦ Schaallijn:
Met behulp van een schaallijn kan je de afstanden op een geografische overzichtskaart bepalen. Je kunt hier gebruik maken van een verhoudingstabel.

Voorbeeld

tekening in cm	1	2,5	4
werkelijkheid in m	3	7,5	12

) x 3

De schaallijn van 1 cm is in wekelijkheid 3 meter
Een vloer op tekening heeft een lengte van 4 cm en een breedte van 2,5 cm

De vloer is in werkelijkheid:
4   x 3 = 12 m lang
2,5 x 3 = 7,5 m breed

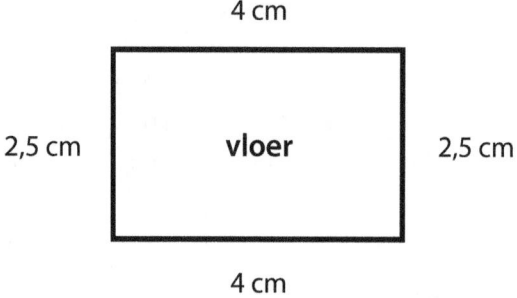

1.10 Het omrekenen van eenheden

◦ Bij het omrekenen van eenheden kan je schema's gebruiken

Lengte

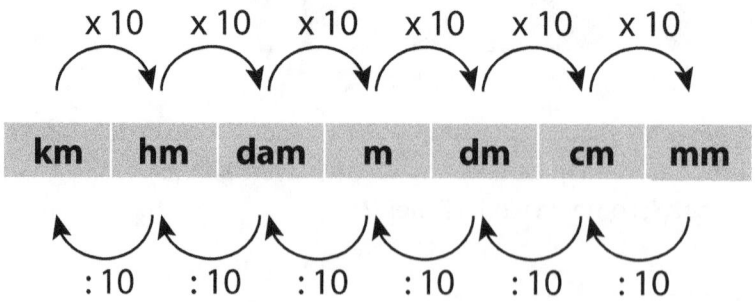

Voorbeeld

$2,5 \text{ m} = \ldots\ldots \text{ cm}$

$1\text{m} = 100 \text{ cm} \ (10 \times 10)$

$2,5\text{m} = 2,5 \times 100 = 250 \text{ cm}$

Oppervlakte

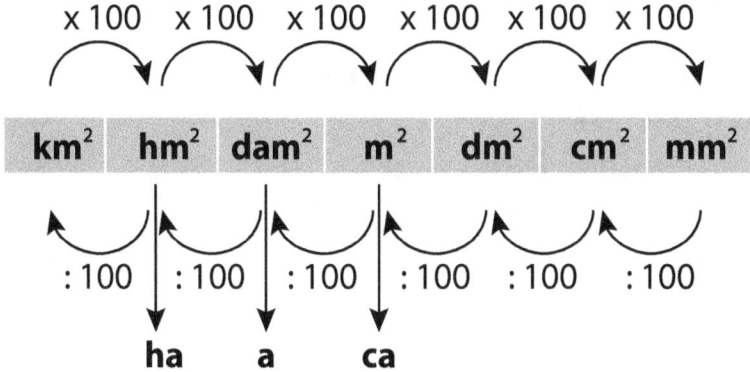

Are: 100 m^2
Hectare: $10.000 \text{ m}^2 \ (1\text{hm}^2)$

Voorbeeld 1

$2 \text{ m}^2 = \ldots\ldots \text{ cm}^2$

$1 \text{ m}^2 = 10.000 \text{ cm}^2 \ (100 \times 100)$

$2 \text{ m}^2 = 2 \times 10.000 = 20.000 \text{ cm}^2$

Voorbeeld 2

$20 \text{ dm}^2 = \ldots\ldots \text{ m}^2$

$1 \text{ dm}^2 = 0,01 \text{ cm}^2 \ (: 100)$

$20 \text{ dm}^2 = 20 : 100 = 0,2 \text{ m}^2$

Inhoud

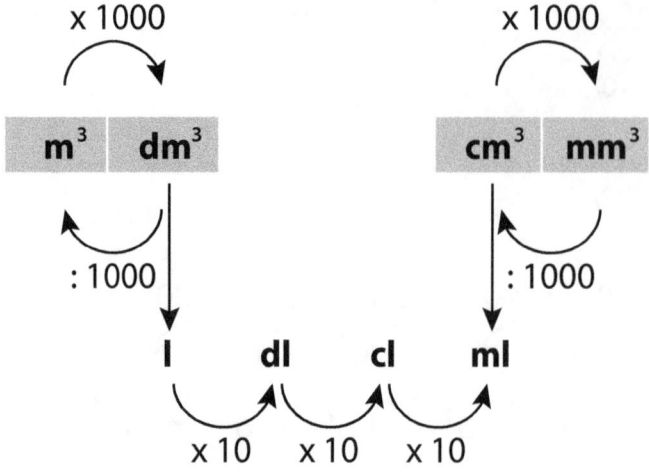

Kuub = 1 m³
cc = cm³ = ml
liter = dm³

Voorbeeld

250 cm³ = ... l
Liter = dm³
1 cm³ = 0,001 dm³ (: 1000)
250 cm³ = 250 : 1000 = 0,250 l

Gewicht

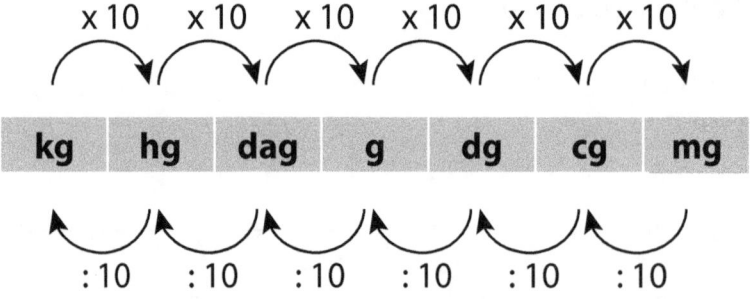

1 pond = 500 gram
1 ons = 100 gram
Ton = 1000 kg

Voorbeeld 1

250 mg = …….. dg

1 mg = 0,01 dg (: 100)

250 mg = 250 : 100 = 2,5 dg

Voorbeeld 2

0,250 kg = …….. g

1 kg = 1000 g (10 x 10 x 10)

0,250 kg = 0,250 x 1000 = 250 g

1 Verbanden

Domein Verbanden

1.1 Begrippen

◦ **Aanvullen:**
Iets bijvoegen totdat het genoeg is. Bijvoorbeeld de ontbrekende getallen in een getallenreeks aanvullen.

Maak de reeksen af

a	2	4	8	16	32	64	?	?
b	100	2	100	3	100	4	?	?
c	10	10	7	7	4	4	?	?
d	43	37	31	25	19	13	?	?

◦ **Coördinaten:**
Via de coördinaten kun je alle posities op een kaart vast leggen. A (1,6) B (3,4) C (4,2)

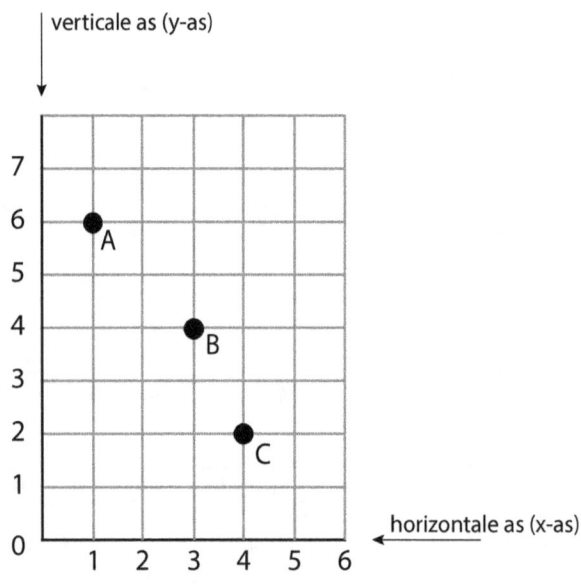

◦ **Data:**
Zijn gegevens. Een soort verzameling van feiten bij een onderzoek.

◈ **Frequentie:**
Geeft aan hoe vaak een bepaalde uitkomst of gebeurtenis is waargenomen.
Het aantal keren dat een getal voorkomt heet frequentie van dat getal.
Deze gegevens zet je in een tabel of grafiek.

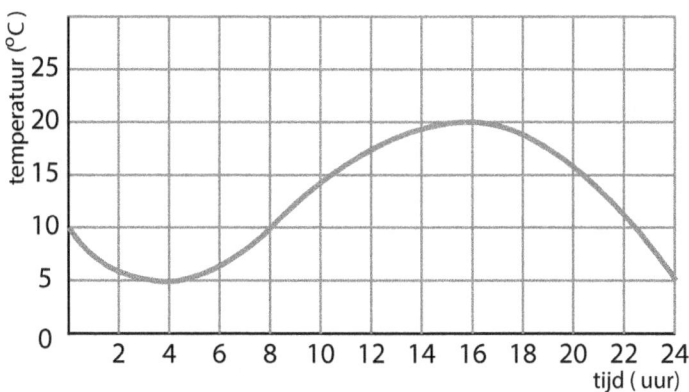

◈ **Patroon:**
Herhaling van getallen, figuren of vormen met toepassing van dezelfde regels

◈ **Reeksen:**
Is een rij van getallen die op elkaar volgen.

a	2	4	8	16	32	64	?	?
b	100	2	100	3	100	4	?	?
c	10	10	7	7	4	4	?	?
d	43	37	31	25	19	13	?	?

- Statistiek:
  Is het verzamelen, bewerken, interpreteren en presenteren van gegevens via overzichtelijke grafieken, schema's en tabellen.

- Steekproef:
  Is een selectie van een aantal proefpersonen om een meeting te doen voor een onderzoek.

- Testresultaten:
  Zijn geanalyseerde gegevens uit een onderzoek.

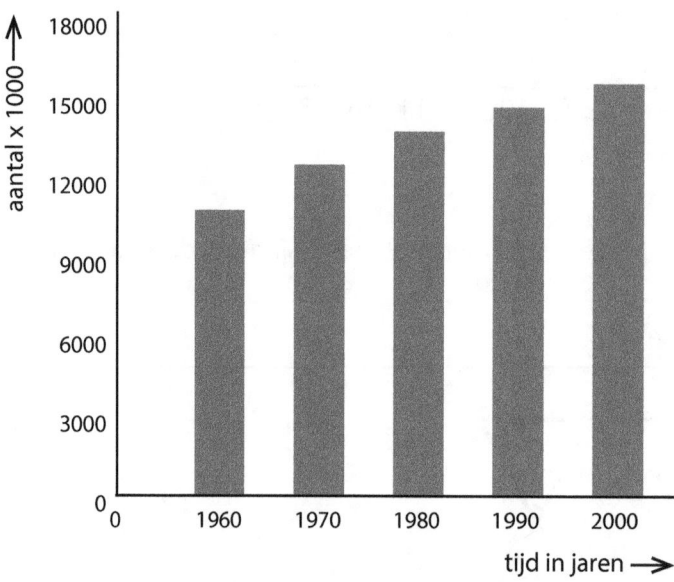

- Woordformule:
  Wordt meestal gebruik om te laten zien wat de relatie is van twee dingen

Voorbeeld
>   bedrag (in €) = 25 + 35 x aantal uur   b = 25 +35 x u

- Assenstelsel:
  Is een rooster waarmee je het verband tussen meerder grootheden kunt weergeven.
  Het bestaat uit een horizontale as (x-as) en een verticale as (y-as)

☞ Coördinaten:
A (1,6) B (3,4) C (4,2) (1e getal ligt op de x-as en het 2e getal ligt op de y-as)

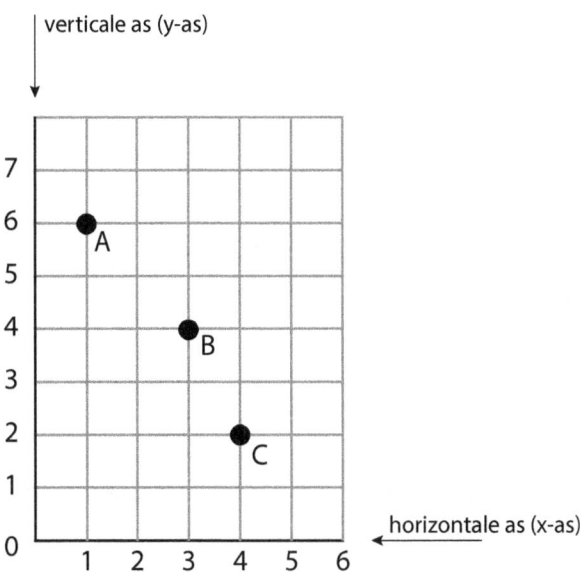

1.2 Tabellen

☞ Tabel:
Een schema waarin gegevens op een overzichtelijke manier zijn gesorteerd.
Een schema waaruit je informatie kan interpreteren.
Een schema waarin je informatie kan zetten.

Voorbeelden

Uitslagen van een schaatswedstrijd staan vaak in een tabel aangegeven op een scherm.
De vertrektijden van het openbaarvervoer (trein, metro, bus, tram) staan meestal in een tabel aangegeven op een scherm.

Leeftijd	Mannen	Vrouwen
1-4	68	65
4-7	96	89
7-10	123	101
10-13	140	116
13-16	157	130
16-19	191	135
19-22	179	125
22-50	173	119
50-65	165	112
65+	144	108
Gemiddelde consumptie: gram p.p.p. dag		135

◦ **Cel:**
Is een vakje of veld van een tabel waarin gegevens of getallen staan.

Leeftijd	Mannen	Vrouwen
1-4	68	65
4-7	96	89
7-10	123	101
10-13	140	116
13-16	157	130
16-19	191	135
19-22	179	125
22-50	173	119
50-65	165	112
65+	144	108
Gemiddelde consumptie: gram p.p.p. dag		135

◦ **Kolommen:**
Zijn onderdelen van een tabel, waarin verschillende getallen in gesorteerd staan.
De rijen en kolommen vormen samen een tabel.

Leeftijd	Mannen	Vrouwen
1-4	68	65
4-7	96	89
7-10	123	101
10-13	140	116
13-16	157	130
16-19	191	135
19-22	179	125
22-50	173	119
50-65	165	112
65+	144	108
Gemiddelde consumptie: gram p.p.p. dag		135

◦ **Rijen:**
Zijn onderdelen van een tabel, waarin verschillende getallen in gesorteerd staan.
De rijen en kolommen vormen samen een tabel.

Leeftijd	Mannen	Vrouwen
1-4	68	65
4-7	96	89
7-10	123	101
10-13	140	116
13-16	157	130
16-19	191	135
19-22	179	125
22-50	173	119
50-65	165	112

◦ **Verhouding:**
Zijn getallen, figuren, ingrediënten, producten die ten opzichte van elkaar een vaste verhouding hebben. Dit wordt meestal aangegeven met twee getallen in een vorm van een breuk of een dubbele punt tussen twee getallen

$\frac{3}{4}$ of 3 : 4

Het betekent 3 staat tot 4 of 3 van de vier stukken.
Het geeft dus een verband tussen aantallen en hoeveelheden.

◦ **Verhoudingstabel:**
Hiermee kun je de verhouding bijvoorbeeld tussen de prijs van een product en de hoeveelheid van dat product weergeven. Het is een hulpmiddel om het verband tussen twee getallenreeksen nauwkeurig weer te geven.

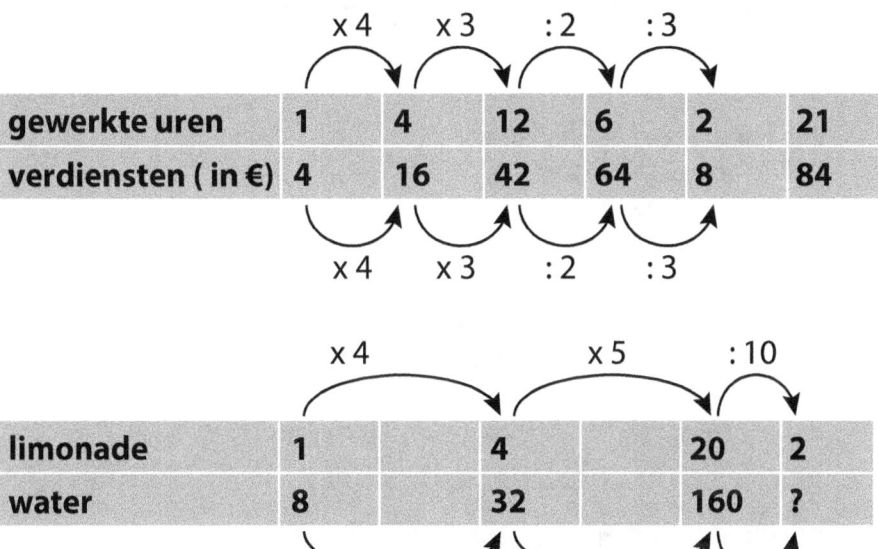

◦ **Frequentietabel:**
In een frequentietabel schrijf je overzichtelijk op hoe vaak een getalwaarde voorkomt.

muzieksoort	aantal personen
klasiek	75
pop	50
jazz	35
r&b	40

	periode 1		periode 2		periode 3		periode 4	
	D	N	D	N	D	N	D	N
1	5.250	1.880	6.850	3.260	4.960	3.820	7.390	1.540
2	4.780	3.380	5.840	2.560	4.560	2.270	6.180	2.330
3	4.870	2.470	5.250	1.880	6.850	3.260	4.960	3.820
4	4.110	2.320	4.780	3.380	5.840	2.560	4.560	2.270
5	7.870	1.610	4.870	2.470	5.250	1.880	6.850	3.260
6	7.080	2.800	4.110	2.320	4.780	3.380	5.840	2.560
7	7.390	1.540	7.870	1.610	4.870	2.470	5.250	1.880
8	6.180	2.330	7.080	2.800	4.110	2.320	4.780	3.380
9	4.960	3.820	7.390	1.540	7.870	1.610	4.870	2.470
10	4.560	2.270	6.180	2.330	7.080	2.800	4.110	2.320
11	6.850	3.260	4.960	3.820	7.390	1.540	7.870	1.610
12	5.840	2.560	4.560	2.270	6.180	2.330	7.080	2.800

1.3 Diagrammen

- Zijn handig om patronen te zien
- Daling of groei laten zien
- Verhouding weergeven

▸ **Cirkeldiagram:**
Is een cirkel die verdeeld is in stukken die we sectoren noemen.
Een sector stelt een deel van het geheel voor. Hele cirkel is altijd 100%.

- Aangeven van verhoudingen tussen verschillende hoeveelheden

Sport	Aantal beoefenaars
Voetbal	50%
Tennis	5%
Gymnastiek	32%
Golf	3%
Hockey	10%

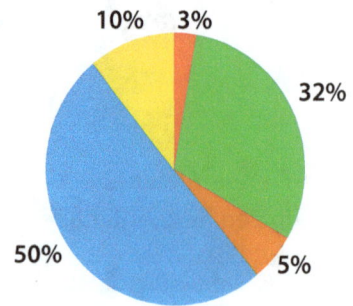

▸ **Lijndiagram:**
Is een lijn die punten in een grafiek met elkaar verbindt. Ook wel lijngrafiek genoemd.

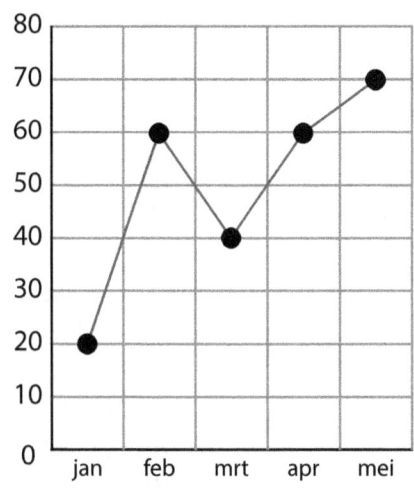

> ○ **Staafdiagram:**
> Is een grafiek die gegevens overzichtelijk in beeld brengt in de vorm van staven.

- Hiermee kan je verschillende hoeveelheden of aantallen vergelijken.
- Hiermee kan je een verdeling tussen verschillende groepen of categorieën weergeven.

Voorbeelden

    Hoeveel afval per persoon per jaar.
    Hoeveel verkeersongevallen per jaar.
    Hoeveelheid neerslag per maand.
    Aantal inwoners per provincie.

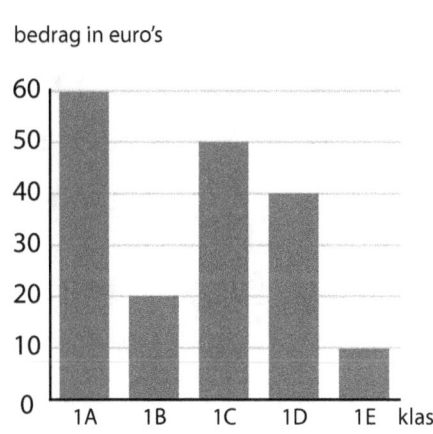
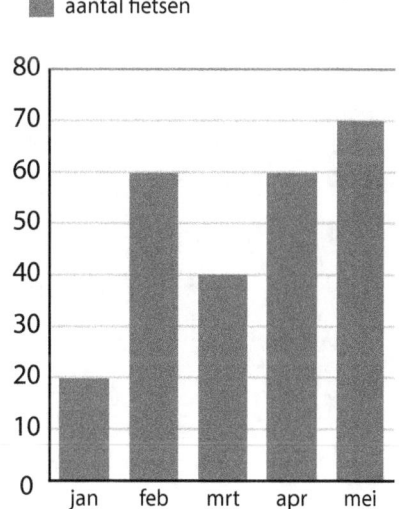

> **Steelbladdiagram:**
> Is een manier om gegevens geordend in beeld te brengen.
> Bijvoorbeeld het in overzicht brengen van proefwerkcijfers van een groep.

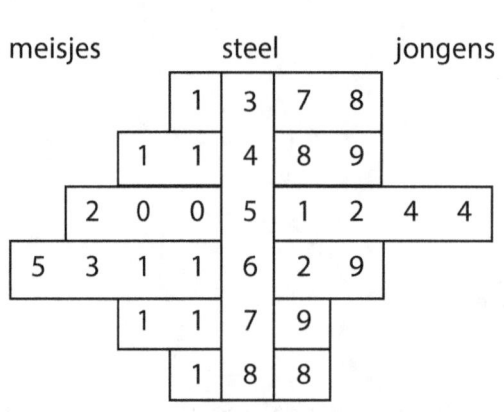

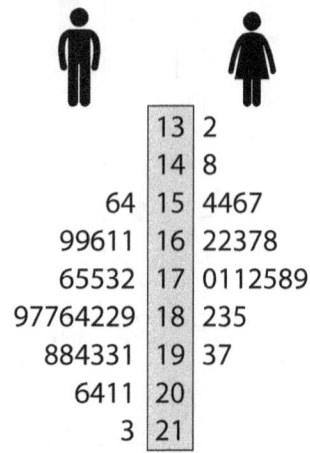

1.4 Grafieken

Kernmerken van een grafiek:
- Lijndiagram
- Bestaat uit: een titel, een horizontale x-as en een verticale y-as
- Gemeten waarde zijn als roosterpunten in het assenstelsel getekend
- De roosterpunten woorden door een lijn met elkaar verbonden. De punten en de lijn vormen samen de grafiek.

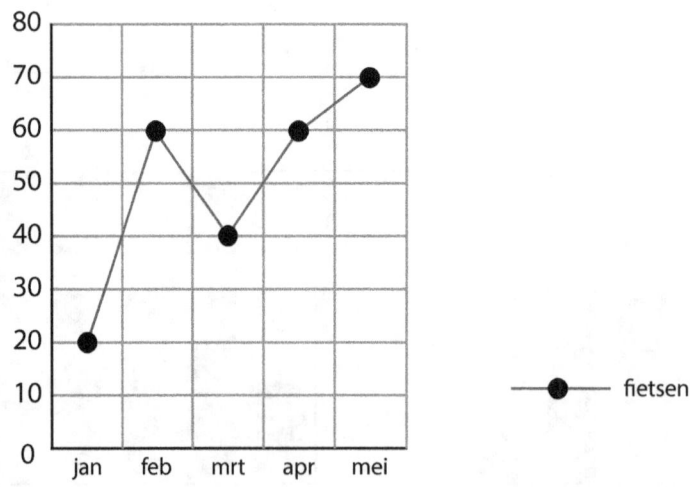

Dalen:
Als in een grafiek een grafische lijn omlaag gaat spreek men van een daling

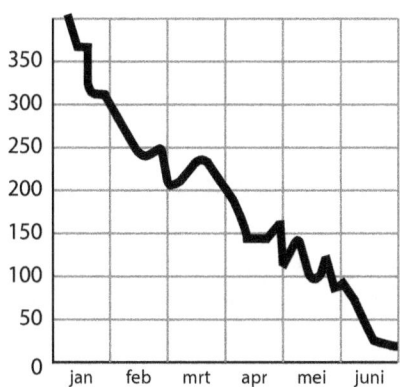

Stijgen:
De toenemende waarde van iets. Bijvoorbeeld prijsstijging of groter worden van een getal.

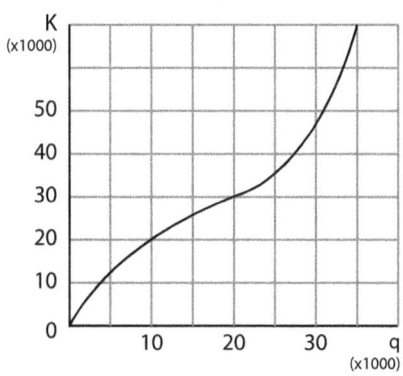

Assenstelsel
Coördinaten: A (4,1)   B (-3,5)   C (3,-4)   D (-5,-2)

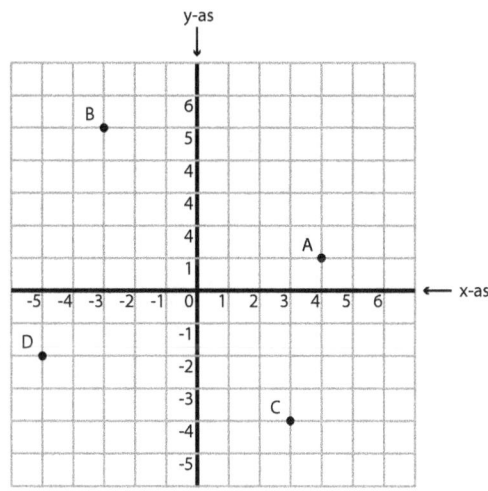

A

Rekenwoordenboek

◦ **Aanbieding:**
Is een artikel in de winkel, dat tijdelijk goedkoper is geworden.

◦ **Aandeel:**
Wanneer je bijvoorbeeld recht hebt op een deel van een erfenis.
Ieder gezinslid krijgt zijn aandeel.

◦ **Aankomsttijd:**
Tijdstip dat een trein gearriveerd is of een vliegtuig geland is.

◦ **Aantal:**
Doormiddel van een telling krijg je een bepaalde hoeveelheid.
Het resultaat van deze telling noemt men het aantal.

◦ **Aanvankelijk rekenen:**
Dat zijn handelingen die in de leefwereld van jonge kinderen passen.
De voorwerpen en getallen zijn hieraan gekoppeld.

◦ **Aanvullen:**
Iets bijvoegen totdat het genoeg is.
Bijvoorbeeld de ontbrekende getallen in een getallenreeks aanvullen.

a	2	4	8	16	32	64	?	?
b	100	2	100	3	100	4	?	?
c	10	10	7	7	4	4	?	?
d	43	37	31	25	19	13	?	?

◦ **Aanvullende pakket:**
Het sluiten van een aanvullende verzekering bij een zorgverzekeraar.

◦ **Aanzichten:**
Een ruimtefiguur heeft verschillende aanzichten als je er om heen beweegt.
Van een kubus zie je bijvoorbeeld; vooraanzicht, bovenaanzicht, achteraanzicht en zijaanzicht.

 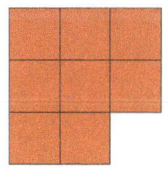 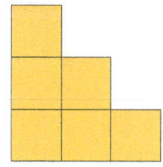 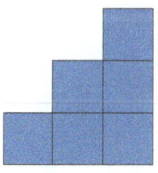

A
Rekenwoordenboek

- **Abacus:**
  Is een handige didactisch hulpmiddel bij het leren rekenen.
  Het wordt ook wel telraam of rekenrek genoemd.

- **Abonnement:**
  Bijvoorbeeld het nemen van een abonnement bij het aanschaffen van een mobile telefoon.
  Hierin staat duidelijk vermeld welke diensten er geleverd wordt onder bepaalde voorwaarden.

- **Achthoek:**
  Is een vlakke - of tweedimensionale figuur met acht zijden en acht hoeken.

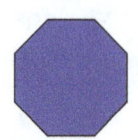

- **Adviesprijs:**
  Is een verkoopprijs die een klant niet hoeft te betalen over een bepaald product.

- **Afbouw:**
  Heeft te maken met de afwerking van een gebouw. Denk aan; stucwerk, schilderwerk, inbouwverlichting, vloerbedekking etc.

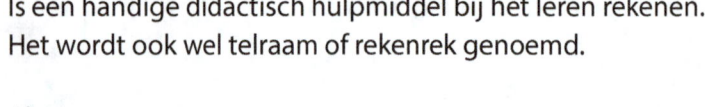

- **Afgeprijsd:**
  Is een artikel in de winkel dat in de aanbieding is (korting).

- **Aflezen:**
  Informatie uit een grafiek, tabel of schema halen.

- **Aflossen:**
  Het maandelijks terug betalen van een lening of hypotheek.

- **Afmeting:**
  Is het formaat, grootte of omvang van een voorwerp.

- **Afronden:**
  Is het afronden van getallen in ronde - of hele getallen.

$$289 \approx 300 \qquad 1.234.012 \approx 1.000.000$$
$$7,5 \approx 8 \quad 6,37 \approx 6 \quad 8,495 \approx 8$$

A

Rekenwoordenboek

- **Afschrift:**
  Tweede exemplaar van iets. Exacte kopie.

- **Afstand:**
  De afstand tussen A naar B in kilometers of reistijd.

- **Aftrekken:**
  Als je twee getallen van elkaar aftrekt noem je het antwoord het verschil van de getallen.

- **Actie:**
  Wanneer men tot handeling overgaat. Het kan ook een promotie van een nieuw product betekenen. Men voert dan actie om de omzet te beïnvloeden.

- **Algoritme:**
  Is een stap voor stap beschrijving van een handeling.

- **Allround toernooi:**
  Is een competitie waarbij deelnemers meedoen met verschillende afstanden. Bijvoorbeeld schaatsen in diverse disciplines (500m sprint, 1000m sprint, 1500m, 3000m, 5000m, 10.000 m).

- **AM:**
  Voor de middag

- **Analoge klok:**
  Gaat van 0 tot 12 uur. AM (voor de middag) en PM (na de middag).

- **Aquarium:**
  Doorzichtige glazen of plastic bak met water, waarin vissen kunnen zwemmen.

- **Arceren:**
  Een platte figuur op een snelle manier inkleuren met evenwijdige strepen.
  Bijvoorbeeld het aangeven van $\frac{5}{8}$ deel in een rechthoek.

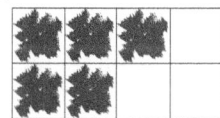

A

Rekenwoordenboek

- **Are:**
  Is een oppervlaktemaat en is gelijk aan 100m^2

- **Arrangement:**
  Het boeken van een weekendje weg voor twee personen inclusief ontbijt voor twee personen. Dit alles voor een vaste prijs.

- **Assen:**
  Lijnen waardoor een bouwwerk, een tekening of een figuur in twee symmetrische delen verdeeld wordt.

lijn symmetrie

- **Assenstelsel:**
  Is een rooster waarmee je het verband tussen meerdere grootheden kunt weergeven.
  Het bestaat uit een horizontale as (x-as) en een verticale as (y-as)

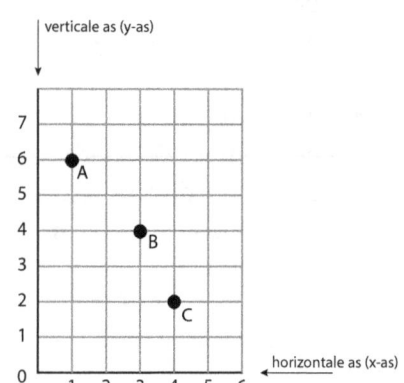

- **Automatiseren:**
  Een oplossing uitvoeren zonder lang na te denken.
  Bijvoorbeeld het splitsen van getallen.
  Dit kan je trainen door veel te oefenen en te herhalen.

$$28 = 20 + 8 \qquad 356 = 300 + 50 + 6$$

B

Rekenwoordenboek

- **Balans:**
  Geeft het evenwicht tussen de inkomsten en uitgaven.

- **Balk:**
  Alle hoeken zijn recht. Heeft vier lange ribben die even lang zijn en acht korte ribben die even lang zijn.

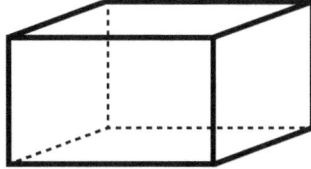

- **Bankafschrift:**
  - Uittreksel van een bank na het laatste saldowijziging.

- **Bar:**
  Eenheid van luchtdruk.

- **Barcode:**
  Een ander woord voor barcode is streepjescode.
  Dit vind je meestal op de achterkant van apparaten, verpakkingen en allerlei voorwerpen.
  Met behulp van een laser kunnen deze codes gelezen worden.

- **Barometer:**
  Een instrument om de luchtdruk te meten.

- **Basis:**
  De onderkant van een driehoek of parallellogram.
  De Basis staat altijd loodrecht op de hoogte.

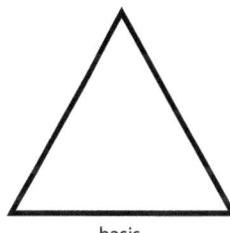

basis

- **Basispakket:**
  De zorgverzekering dekt een basispakket met noodzakelijke zorg, dat is vastgelegd in de zorgverzekeringswet.

- **Bedrag:**
  Het totaal hoeveelheid geld.

- **Begroting:**
  Een plan waarin staat hoeveel geld je denkt te ontvangen en uit te geven.

- **Benen:**
  De twee gelijke zijden in een gelijkbenige driehoek.

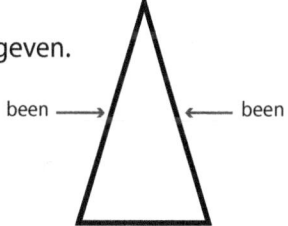

been ⟶   ⟵ been

B

Rekenwoordenboek

◦ Bereidingstijd:
De tijd die nodig is om een maaltijd of een gerecht te bereiden.

◦ Berekening:
Het oplossen of uitwerken van een rekenopgave. ◦ Bestanddeel:
Iets dat een onderdeel is van iets anders. Bijvoorbeeld; de belangrijkste bestanddelen van deze soep zijn tomaten, bouillon en gehakt.

◦ Bestellen:
Opdracht geven aan winkels voor het leveren van goederen of diensten.

◦ Betaalrekening:
Is een persoonlijke rekening die je hebt bij een bank om dagelijks je eigen geld te beheren, zoals geld storten, afhalen en overschrijven.

◦ Bezettingsgraad:
Geeft aan hoeveel procent van de plaatsen bezet is.
Bijvoorbeeld in een theaterzaal.

◦ Beurs (geldsom):
Hoeveelheid geld die beschikbaar is voor een wetenschappelijk onderzoek.

◦ Bijbaantje:
Werk dat je naast je opleiding of ander werk doet.

◦ Biljard:
Een biljard is 1000 biljoen, dus 1.000.000.000.000.000

◦ Biljet:
Is een wettelijk betaalmiddel van papier met een geldwaarde.

◦ Biljoen:
Een biljoen is tien tot de 12e macht, dus 1.000.000.000.000

◦ Bits:
Computer meeteenheid.

◦ Bodem:
Onderkant van een voorwerp of een driedimensionaal figuur.

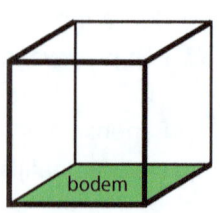

B

Rekenwoordenboek

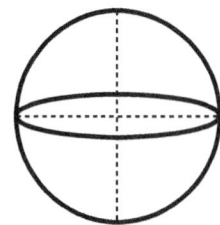

- **Bol:**
  Een driedimensionaal figuur. Alle punten op de buitenkant van de bol hebben dezelfde afstand tot het middelpunt.

- **Bon:**
  Is een papiertje (een bonnetje) waarop staat hoeveel je moet betalen aan of ontvangen van iemand.

- **Bouwkosten:**
  Alle kosten die verbonden zijn met het bouwen van een huis bijvoorbeeld. Denk aan bouwtekeningen, aannemer, bouwmaterialen etc.

- **Bouwmarkt:**
  Een bouwmarkt is een winkel die hoofdzakelijk doe-het-zelf-producten verkoopt.

- **Bouwplaat:**
  Bouwkundige isolatieplaat die multifunctioneel is.

- **Bouwtekening:**
  Is een weergave van een tweedimensionale constructie, van een ruimtefiguur, op papier. (Bouwtekening van een architect).

- **Bouwwerk:**
  Is een constructie van hout, steen, metaal of andere materiaal bijvoorbeeld een gebouw.

- **Bovenaanzicht:**
  De bovenkant van een driedimensionaal figuur of bouwwerk (balk, gestapelde kubussen).

 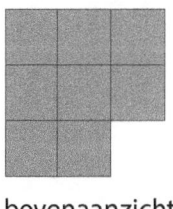

bovenaanzicht

- **Bovenvlak:**
  Het is de bovenkant van een ruimtefiguur.
  Naast een bovenvlak heb je ook een ondervlak.
  Ze zijn gelijk aan elkaar.
  Voorbeeld; kubus, prisma, balk, cilinder.

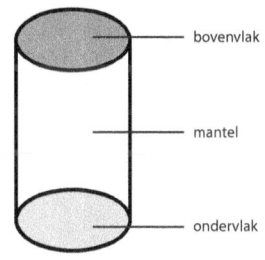

B

Rekenwoordenboek

- **Breedte:**
  Afstand tussen de lange kanten van een figuur.
  Bijvoorbeeld van een rechthoek.

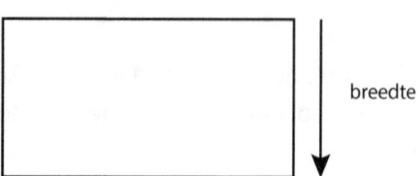

- **Breuk:**
  Is een deling van een geheel getal met een ander geheel getal.
  Als deel van de breuk wordt het deeltal als teller aangeduid en de deler als noemer.

$$\frac{3}{4} \quad \text{teller} = 3 \text{ en noemer} = 4$$

- **Breuken compliceren:**
  Het moeilijker maken van breuken.
  Je deelt de breuken als het ware in meer stukjes.

$$\frac{3}{4} = \frac{6}{8} = \frac{12}{16} = \frac{24}{32} = \frac{48}{64}$$

- **Breuken vereenvoudigen:**
  Een breuk in de eenvoudigste vorm schrijven.
  Je bent opzoek naar de gelijkwaardige breuk met
  de kleinste teller en noemer.

$$\frac{12}{16} : 2 = \frac{6}{8} : 2 = \frac{3}{4}$$

- **Bruto bedrag:**
  Geldbedrag zonder belasting aftrek.

- **BTW:**
  Het belastingbedrag dat een bedrijf periodiek moet afdragen aan de staat over
  de verkochten producten of diensten.

- **Byte:**
  Is een meeteenheid die gelijk is aan 8 bits.
  Het wordt meestal gebruik voor computer gegevens als geheugeneenheid.

C

Rekenwoordenboek

○ **Calorieën:**
Eenheid voor de voedingswaarde van voedsel.
Hoeveelheid energie en arbeid.

○ **Capaciteit:**
De capaciteit van een lege DVD /cd-rom disk geeft aan hoeveel MB/minuten er maximaal opgeslagen kan worden. Capaciteit geeft dus het grootste aantal aan dat ontvangen of opgeslagen kan worden.

○ **Categorie:**
Een verzameling van objecten met dezelfde eigenschappen.

○ **CC:**
Is een inhoudsmaat die gelijk is aan 1cm x 1cm x 1cm = 1cm^3 (1 kubieke centimeter)
Engelse benaming: Cubic centimetre.

○ **Cel:**
Is een vakje of veld van een tabel waarin gegevens of getallen staan.

Leeftijd	Mannen	Vrouwen
1-4	68	65
4-7	96	89
7-10	123	101
10-13	140	116
13-16	157	130
16-19	191	135
19-22	179	125
22-50	173	119
50-65	165	112
65+	144	108
Gemiddelde consumptie: gram p.p.p. dag		135

○ **Celsius:**
Eenheid van temperatuur.

○ **Centi-are:**
Afkorting ca is gelijk aan 0,01 are of 1m^2

○ **Centi-liter:**
Is een inhoudsmaat   cl = 0,01 liter = 10cm^3

○ **Cijferend:**
Op papier onder elkaar uitrekenen van sommetjes om tot een goede oplossing te komen. Dit gebeurt via een vaste volgorde (Algoritme)

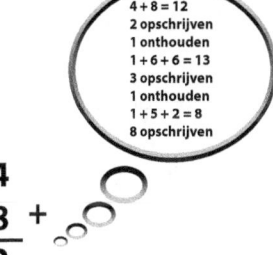

```
  564
  268 +
  ─────
  832
```

4 + 8 = 12
2 opschrijven
1 onthouden
1 + 6 + 6 = 13
3 opschrijven
1 onthouden
1 + 5 + 2 = 8
8 opschrijven

C

Rekenwoordenboek

- **Cilinder:**
  Het is een driedimensionaal figuur met een bovenvlak, een grondvlak en een gebogen vlak genaamd cilindermantel.

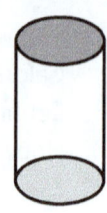

- **Cirkel:**
  Is een ronde vlakke figuur zonder hoeken.

- **Cirkeldiagram:**
  Is een cirkel die verdeeld is in stukken die we sectoren noemen.
  Zo'n sector stelt een deel van het geheel voor.
  Hele cirkel is altijd 100%.

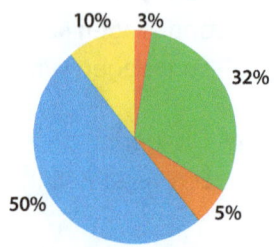

- **Classificeren:**
  Voorwerpen, getallen, figuren en producten indelen in klassen of categorieën.

- **Compenseren:**
  Is een manier om handig te rekenen. Voorbeeld, compenseren met gebruikmaking van ronde getallen   253 + 198 = 253 + 200 – 2   of   19 x 25 = (20 x 25) – (1 x 25)

- **Condenseren:**
  Is de overgang van gasvorming naar vloeistof. Het is het tegenovergestelde van verdamping.

- **Constructie:**
  Is een voorwerp of bouwwerk dat bestaat uit samengestelde onderdelen die met elkaar verbonden zijn op een bepaalde manier.

- **Consumptie:**
  Het verbruiken of nuttigen van wat voedsel of drank.

- **Contant:**
  Directe betaling. Meteen geld in je handen krijgen.

- **Contributie:**
  Geld dat je maandelijks, per kwartaal of jaarlijks moet betalen om lid te zijn van een vereniging.

- **Coördinaten:**
  Via de coördinaten kun je de posities op een kaart vast leggen.
  A (1,6) B (3,4) C (4,2)

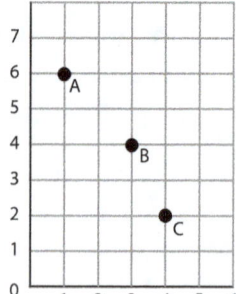

D

Rekenwoordenboek

- Dag:
  Duurt 24 uur.

- Dalen:
  Als in een grafiek een grafische lijn omlaag gaat spreek men van een daling. Denk ook aan een daling van de prijzen of daling van de temperatuur.

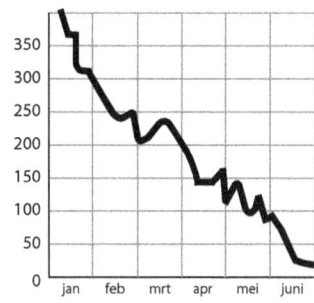

- Data:
  Zijn gegevens. Een soort verzameling van feiten bij een onderzoek.

- Debiteur:
  Is een persoon of een bedrijf die nog moet betalen voor de geleverde goederen of diensten. Deze persoon of bedrijf is meestal voorzien van een debiteur nummer op de factuur.

- Deca:
  10 (tien).

- Decennium:
  Is gelijk aan 10 jaar.

- Deci:
  0,1 (tiende).

- Deciliter:
  Is een inhoudsmaat. 1dl =0,1ltr

- Decimaalgetal:
  Is een kommagetal. Bijvoorbeeld 1,5 (anderhalf) 2,34 (twee komma vierendertighonderdste).

- Decimalen:
  De cijfers achter de komma noem je decimalen. 3,7 (7 = zeven tiende).

- Deelstreep:
  Het schuine of horizontale lijntje tussen twee getallen, waardoor in een breuk de teller en de noemer van elkaar worden gescheiden.

D

Rekenwoordenboek

- **Deelteken:**
  Het symbool : of ÷ of / om een deling aan te duiden.

- **Deeltijd:**
  Iemand die voor twee of drie dagen per week werkt of op school zit (parttime).
  Met andere woorden niet volledig werkt of naar school gaat.

- **Delen:**
  Als je getallen deelt maak je een deling.
  Het antwoord noem je het quotiënt van de getallen.

- **Diagonalen:**
  Lijnen tussen de hoeken die dwars door de figuur gaan.
  Deze lijnen verbinden de hoeken in een figuur met elkaar.

- **Diameter:**
  Is de afstand tussen twee punten op de cirkelrand.
  Wordt aangegeven met de letter d.
  Deze lijn wordt ook wel middenlijn genoemd.

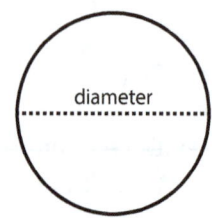

- **Didactiek:**
  Het aanleren van kennis en vaardigheden met behulp van verschillende werkvormen.

- **Diepte:**
  Is de hoogte of verticale maat van een driedimensionaal figuur.
  Dit loopt vanaf het oppervlak naar beneden.

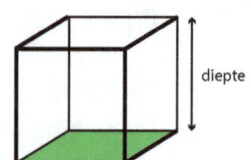

- **Digitale klok:**
  Heeft een 12 uurs of een 24 uurs notatie.
  Hier worden de uren, minuten en seconden
  gescheiden door een dubbele punt.

- **Dividend:**
  Een deel van de winst die een onderneming betaalt aan haar aandeelhouders.

- **Doorsnede:**
  Als je een ruimtelijk figuur doorsnijdt ontstaat er een snijvlak.
  Dit snijvlak wordt doorsnede genoemd.

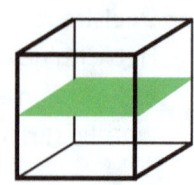

D

Rekenwoordenboek

- **Dosering:**
  Denk bijvoorbeeld aan voorgeschreven medicijnen.
  Pillen die ingenomen worden om bepaalde ziekte tegen te gaan
  hebben een afgepaste hoeveelheid of dosering (milligram, milliliter).

- **Dozijn:**
  Is een aantal van twaalf (12).

- **Draaihoek:**
  De hoek waaronder een ruimtelijk of vlak figuur is gedraaid,
  zodat hij er weer hetzelfde uit ziet.

- **Draaisymmetrisch:**
  Een figuur die na het draaien met zichzelf samenvalt.
  (bijv. een velg die ronddraait)

- **Driedimensionale figuren:**
  Ruimtelijke figuren (kubus, balk, prisma, bol, piramide, cilinder, kegel)

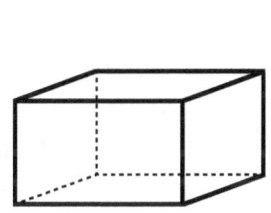 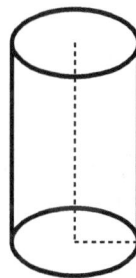 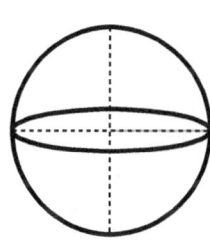

- **Driehoek:**
  Een vlak figuur met 3 hoeken.
  Samen zijn de hoeken 180°(graden)

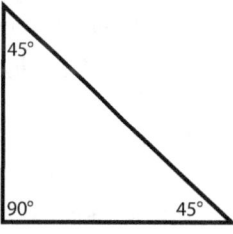

- **Driekwart:**
  Drie van de vier stukken.   3/4

D

∞ Duimstok:
Is een meetinstrument die veel in de bouw gebruikt
wordt voor het opmeten van lengtes tot ongeveer 5 meter.

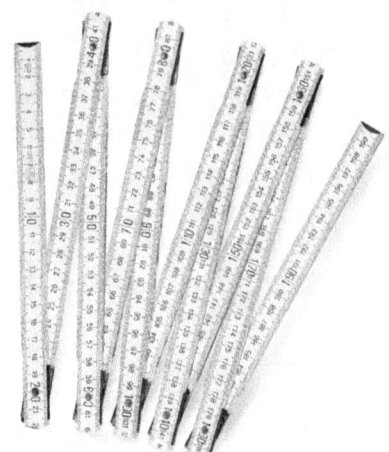

∞ Duizend:
Is een geheel getal.

Schrijf je op als: 1.000.
(één en drie nullen)

∞ Duizendste:
Een decimaalgetal, met drie cijfers achter de komma.

0,125 spreek je bijvoorbeeld uit als
honderdvijfentwintigduizendste.

∞ Duizendtallen:
Geeft de waarde van een bepaald getal aan.

74.356 Het duizendtal
in dit getal is 4.000

∞ Dyscalculie:
Wanneer deelnemers moeite hebben met het leren automatiseren
van basisvaardigheden van rekenen, ondanks veelvuldig oefenen en leren.

∞ Dyslexie:
Is een leerstoornis waarbij deelnemers moeite hebben met lezen
en/of spelling.

E

Rekenwoordenboek

- **Economie:**
  Is het totale overzicht van de inkomsten en uitgaven van een land.

- **Eenheden:**
  Geeft de waarde van een bepaalde grootheid aan.
  Deze eenheden worden afgekort met een letter of symbool (m, l, cal, m/s, m^3).
  Het kan ook het aantal eenheden in een getal aan geven. Bijvoorbeeld 357.
  Dit getal heeft zeven eenheden.

- **Eeuw:**
  Telt 100 jaar.

- **Effectenbeurs:**
  Is het verhandelen van effecten, zoals aandelen en obligaties.

- **Eindtijd:**
  Het moment waarop een voetbalwedstrijd stopt.
  Het moment dat de sprinters over de finish gaan.

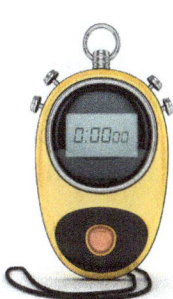

- **Elektriciteit:**
  Het verplaatsen van stroom langs een geleider.

- **Elektriciteitsmeter:**
  Het is een meetinstrument in de meterkast van een huis.
  Deze meet hoeveel kilowattuur (kwh) elektriciteit u verbruikt.

- **Energie:**
  Het vermogen om arbeid te verrichten.

- **Etage:**
  Verdieping van een gebouw.

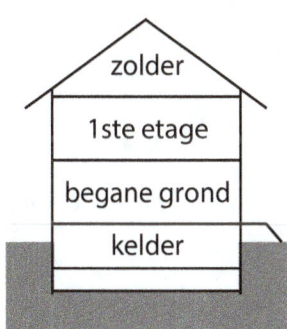
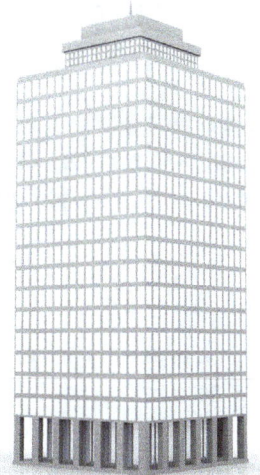

E

Rekenwoordenboek

☞ **Etiket:**
Papier met informatie over een bepaald product.
Een etiket vind je meestal op het product.

☞ **Etmaal:**
Is een periode van 24 uur. (dag)

☞ **Euro:**
Wettig betaal middel.

☞ **Evenwijdig:**
Lijnen hebben dezelfde richting, snijden elkaar niet en afstanden tussen de lijnen blijven constant gelijk.

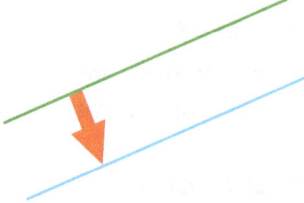

☞ **Exclusief:**
Het verkopen van producten waarbij sommige dingen worden uitgesloten.
Het kan zijn dat je een prijs ziet van een product zonder dat de BTW erbij berekend is.
Dit bedrag is dus ex BTW.

☞ **Exemplaren:**
Dingen waar er meer van zijn. Bijvoorbeeld boeken, tijschriften, zeldzame munten en postzegels.

☞ **Exponent:**
Geeft aan hoeveel keer het grondgetal
in de vermenigvuldiging voorkomt.

3^2 (2 = **exponent**)

☞ **Export:**
Het uitvoeren van goederen van een land naar een ander land.

F

Rekenwoordenboek

- **Factoren:**
  Dit noem je de samengestelde delen van een som.
  Bijvoorbeeld 24 = 4 x 6 **4 en 6** zijn de factoren.
  Factor noem je ook wel een grondtal van een machtsverheffing. 3^2 (**3 = grondtal**)

- **Factuur:**
  Is een papiertje (een bonnetje) waarop staat hoeveel je moet betalen aan of ontvangen van iemand.

- **Fahrenheit:**
  Het aantal graden Celsius x 1,8 + 32

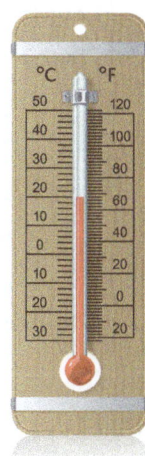

- **Faillissement:**
  Een situatie waar er beslag op je bezittingen worden gelegd, omdat je niet meer kan voldoen aan het betalen van je schulden.

- **Figuren:**
  Een tekening op papier die ingesloten is door zijden; vlakke -, tweedimensionale -, driedimensionale figuren (vierkant, cirkel, kubus, piramide etc).

- **File:**
  Is een lange rij auto's die langzaam of niet vooruit komen in het verkeer.

- **Fooi:**
  Het extra geld dat iemand van een klant ontvangt om te bedanken voor de diensten. Bijvoorbeeld in een restaurant of bij de kapper.

- **Formule:**
  Bij het oplossen van rekenopdrachten moet je soms gebruik maken van handelingen die bestaan uit cijfers en letters.
  Bijvoorbeeld het uitrekenen van de oppervlak van een driehoek **basis x hoogte : 2** = **b x h : 2**.

F

Rekenwoordenboek

◦ **Frequentie:**
Geeft aan hoe vaak een bepaalde uitkomst of gebeurtenis is waargenomen.
Het aantal keren dat een getal voorkomt heet frequentie van dat getal.

◦ **Frequentietabel:**
In een frequentietabel schrijf je
overzichtelijk op hoe vaak
een getalwaarde voorkomt.

	periode 1		periode 2		periode 3		periode 4	
	D	N	D	N	D	N	D	N
1	5.250	1.880	6.850	3.260	4.960	3.820	7.390	1.540
2	4.780	3.380	5.840	2.560	4.560	2.270	6.180	2.330
3	4.870	2.470	5.250	1.880	6.850	3.260	4.960	3.820
4	4.110	2.320	4.780	3.380	5.840	2.560	4.560	2.270
5	7.870	1.610	4.870	2.470	5.250	1.880	6.850	3.260
6	7.080	2.800	4.110	2.320	4.780	3.380	5.840	2.560
7	7.390	1.540	7.870	1.610	4.870	2.470	5.250	1.880
8	6.180	2.330	7.080	2.800	4.110	2.320	4.780	3.380
9	4.960	3.820	7.390	1.540	7.870	1.610	4.870	2.470
10	4.560	2.270	6.180	2.330	7.080	2.800	4.110	2.320
11	6.850	3.260	4.960	3.820	7.390	1.540	7.870	1.610
12	5.840	2.560	4.560	2.270	6.180	2.330	7.080	2.800

◦ **Functioneel rekenen:**
Wordt ook wel traditioneel rekenen genoemd.
Het is een rekendidactiek die bouwt op het automatiseren en oefenen.

G

Rekenwoordenboek

◦ **Gasmeter:**
Het is een meetinstrument die zich in de meterkast van een woning bevindt.
Deze meet het aantal verbruikte kubieke meters gas. M^3

◦ **Gasstand:**
De stand die een gasmeter aangeeft in kubieke meters. M^3

◦ **Geboortejaar:**
Jaar waarin iemand is geboren.

◦ **Gebroken getallen:**
Dit zijn decimale getallen en breuken.

$$0,5 \quad 1,5 \quad \frac{3}{4} \quad 5\frac{2}{5}$$

◦ **Geheelgetal:**
Getal dat geen cijfers achter de komma heeft.
Het kan zowel positieve- als negatieve getallen zijn.   1, 13, 123, -3, -12 , -44

◦ **Geld:**
Vind je in de vorm van munten en biljetten waarmee je kunt betalen.

◦ **Gelijkbenige driehoek:**
Heeft twee zijden die precies even lang zijn.
Twee hoeken zijn altijd even groot.

◦ **Gelijknamige breuken:**
De noemers zijn gelijknamig. Gelijknamige breuken kun je optellen en aftrekken door de tellers bij elkaar op te tellen of van elkaar af te trekken.

$$\frac{1}{7} \quad \frac{2}{7} \quad \frac{4}{7} \quad \frac{5}{7}$$

◦ **Gelijkwaardig:**
Een getal met dezelfde waarde.

G

Rekenwoordenboek

- Gelijkwaardige breuken: Breuken die verschillend er uit zien, maar gelijk zijn in waarde.

$$\frac{3}{4} \quad \frac{6}{8} \quad \frac{9}{12} \quad \frac{12}{16}$$

- Gelijkzijdige driehoek:
  Alle drie zijden zijn even lang.
  Alle drie de hoeken zijn 60°.

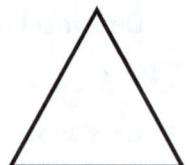

- Gemiddelde:
  De totale waarde delen door het aantal opgetelde getallen.
  Bijvoorbeeld, voor het vak rekenen haal je de volgende cijfers:
  5,0 - 6,0 – 4,0 - 8,0 – 3,0 en een **10,0**. Totaal 36 punten.

  Gemiddelde cijfer:
  36 : 6 cijfers = 6

- Geodriehoek:
  Is een meetinstrument in de vorm van een driehoek,
  om hoeken op te meten of te tekenen.

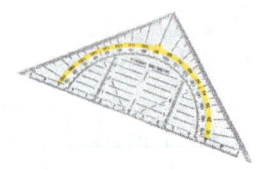

- Gestrekte hoek:
  Is een hoek van 180°. Het is dus een rechte lijn.

  180°

- Getal:
  Een getal is op opgebouwd uit cijfers. 4.735
  (vierduizend zevenhonderd vijf en dertig)

- Getallenlijn:
  Het is een lijn waarop je getallen kan ordenen van klein naar groot.
  De getallen staan in een juiste onderlinge verhouding van elkaar.

- Gewichten:
  Worden uitgedrukt uit eenheden als; kilogram (kg), gram(gr), milligram(mg) etc.
  Geeft aan hoe zwaar iets weegt.

- Giga:
  Wordt gebruikt voor Miljard (1.000.000.000).

G

Rekenwoordenboek

- **Goedkoop:**
  Iets dat niet zo duur is. Wat weinig geld kost.

- **Graad:**
  Eenheid voor temperatuur of hoeken.

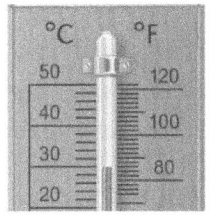
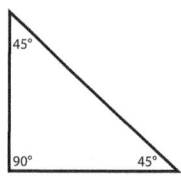

- **Grafiek:**
  Hierin kun je de gegevens uit een tabel overzichtelijk
  in beeld brengen. Je kunt in een grafiek veranderingen zichtbaar
  maken. Een grafiek geeft tevens ook verbanden tussen getallen
  en grootheden aan.

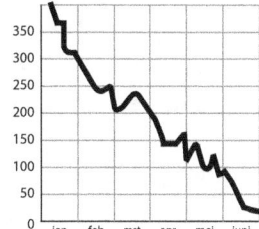

- **Gram:**
  Eenheid van gewicht.
  Het is gelijk aan eenduizendste kilo of honderdste deel van een ons.

- **Grondtal:**
  Dit vind je bij machtsverheffen. Is het getal dat met zichzelf
  wordt vermenigvuldigd. 3^2 (3 = **grondtal**)

- **Grondvlak:**
  Het is de onderkant of de bodem van een ruimtefiguur of voorwerp.

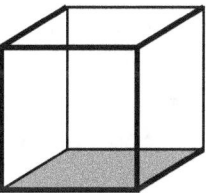

- **Groothandel:**
  Een bedrijf dat producten verkoopt aan kleine en grote ondernemers.

- **Grootheden:**
  Geven aan wat je meet. Lengte, oppervlakte, inhoud en gewicht zijn
  grootheden die vaak voorkomen.

- **Grootheid:**
  Een letter die aangeeft wat voor type getal erachter staat **1m, 1m^2, 1dm^3 (liter), 1kg**

- **Gros:**
  Is een aantal van 144 (12 dozijn: 12 x12)

- **Groter dan:**
  Een getal dat een hogere waarde heeft dan een ander getal.
  Dit geef je met het symbool > aan. 50 is groter dan 25   =   **50 > 25**

H

Rekenwoordenboek

- **Haakdeling:**
  Is een rekenkundige berekening waarbij je een getal in stapjes deelt door een ander getal.
  Deze algoritmische bewerking doe je op papier.

$$498 : 6 =$$

498	80 x
480 -	
18	3 x +
18 -	83
0	

- **Haakjes wegwerken:**
  Sommetjes die tussen haakjes staan eerst uitrekenen.
  Is een rekenregel.
  Bijvoorbeeld 12 + (9 - 3) = Reken de som tussen de haakjes eerst uit.
  Dus eerst 9 -3 = 6

- **Haaks:**
  Is een hoek van 90°.
  Een Rechte hoek.

- **Halveren:**
  Als je iets door het midden deelt krijg je twee gelijke delen.

$$\frac{1}{2}$$

- **Hectare:**
  Is een oppervlakte maat die gelijk is aan 10.000m^2 (1hm^2)

- **Hecto:**
  100 (honderd)

- **Hectometerpaal:**
  Is een kilometerpaal die om de 100 meter van elkaar staan op provincialewegen en rijkswegen. Bedoeld om een positie langs de weg te lokaliseren voor hulpdiensten of wegwerkers.

- **Hoek:**
  Twee lijnen die elkaar snijden vormen een hoek.

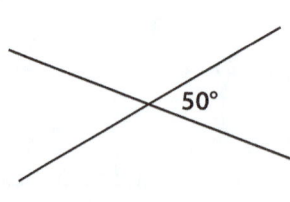
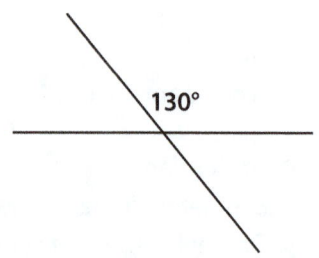

H

Rekenwoordenboek

- **Hoekpunt:**
  Een punt in een ruimtelijk figuur, waar verschillende ribben samenkomen (piramide), een hoek waar beide benen van een hoek samenkomen (driehoek).

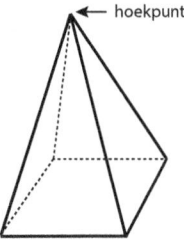
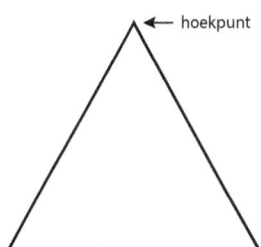

- **Hoeveelheid:**
  Het geeft de omvang of het aantal van iets aan.
  Denk aan een maat, inhoud, getal dosering etc.

- **Honderdduizendtal:**
  Geeft de waarde van een bepaald getal aan. **8.674.356**
  Het honderdduizendtal in dit getal is **600.000**

- **Honderdsten:**
  Een decimaal getal, met twee cijfers achter de komma. **0,34** spreek je bijvoorbeeld uit als **vierendertighonderdste**.

- **Honderdtal:**
  Geeft de waarde van een bepaald getal aan. **7.534**
  Het honderdtal in dit getal is **500**.

- **Hoofdprijs:**
  Hoogste beloning voor de winnaar.

- **Hoofdrekenen:**
  Uit het hoofd maken van berekeningen.
  Dus zonder het gebruik van hulpmiddelen, zoals een rekenmachine of pen en papier.

- **Hoogte:**
  Loodrechte afstand van het onderste punt tot het bovenste punt.

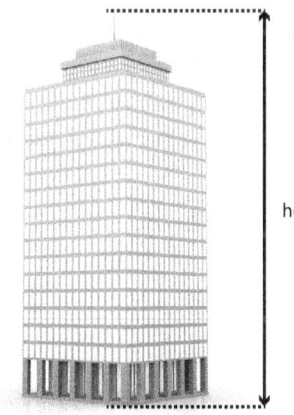

H

- Hoogtelijn:
Een Lijn die van het hoogste punt van een figuur loodrecht loopt naar beneden.

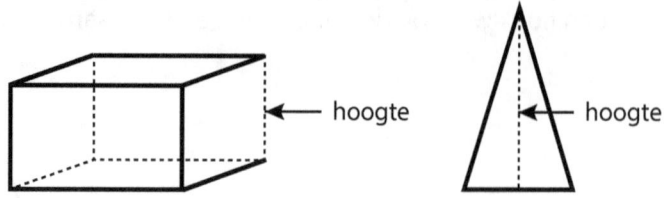

- Hoogteverschil:
Geeft het verschil in niveau of hoogte, tussen de hoogste en de laagste delen van een gebied. Het geeft ook het verschil tussen de hoogte van twee figuren.

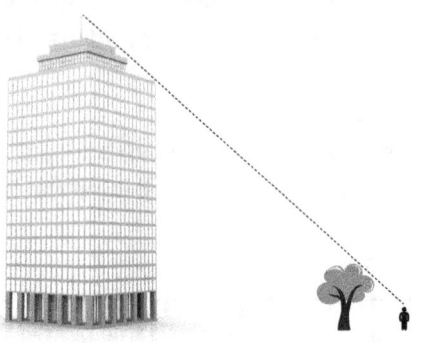

- Horizontale lijn:
Is een lijnstuk die liggend van links naar rechts loopt.

- Huishouding:
Is het totaal aantal leden van een gezin. (samenwonen)

- Huurprijs:
Is een vast bedrag dat periodiek moet worden betaald voor een woning of voor het gebruik maken van een telefoon. Van iets gebruik maken tegen een betaling.

- Hypotheek:
Geld dat iemand leent om bijvoorbeeld een huis te kopen.
Dit los je periodiek weer af.

I

Rekenwoordenboek

∞ **Illustratie:**
Is een tekening, een schets of een figuur.

∞ **Illustreren:**
Iets uitleggen aan de hand van een tekening, een schets of een figuur.

∞ **Inboedel:**
Alle roerende goederen die tot iemands huishouding behoort.
Bijvoorbeeld het meubilair en andere artikelen in huis.

∞ **Inclusief:**
Het kopen van een product inclusief BTW of aangeboden diensten.
Bijvoorbeeld, je boekt een wekendje weg voor twee personen.
De prijs is inclusief ontbijt voor twee personen.

∞ **Indeling:**
Het rangschikken, splitsen, ordenen, verdelen of classificeren van onderdelen, voorwerpen, producten of getallen.

∞ **Ingrediënten:**
De benodigdheden voor het bereiden van een maaltijd.

∞ **Inhoud:**
De inhoud druk je uit in kubieke (m^3, dm^3, cm^3).
Je gebruikt de formule: lengte x breedte x hoogte (lxbxh) om de Inhoud van een ruimtelijk figuur uit te rekenen.

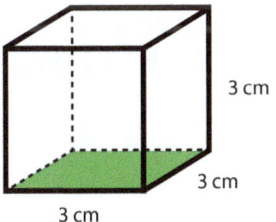 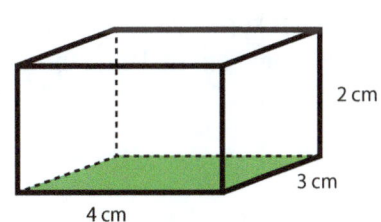

I
Rekenwoordenboek

- Inhoudsmaten:
  Zijn eenheden waarmee je de hoeveelheid van vloeistoffen en vaste stoffen aangeeft.
  Bijvoorbeeld; l, dl, cl, ml, m^3, dm^3

- Import:
  Het invoeren van goederen en diensten uit het buitenland in ons land.

- Inflatie:
  Is wanneer een bepaalde munteenheid binnen een bepaalde tijd minder waard wordt in een land in vergelijking met andere munteenheden.

- Inkomen:
  Geld dat iemand maandelijks ontvangt voor de arbeid die hij/zij verricht heeft of ontvangt van de uitkering.

- Inkopen:
  Het kopen van producten die jezelf gaat gebruiken of door verkoopt.

- Inruilwaarde:
  De waarde die je ontvangt bij het verruilen of inwisselen van goederen en diensten.

- Inverse relatie:
  Is een rekenkundige oplossingsstrategie om deelsommen makkelijk uit te werken.
  $75 : 5$ uitrekenen via $\ldots \times 5 = 75$

- Investering:
  Is het kopen van producten of het beleggen van geld.
  Bedoeld om op lange termijn winst uit de meeropbrengst te halen.

J

- Jaar:
  Eenheid van tijd.
  12 maanden of 4 kwartalen of 52 weken of 365 dagen.

- Jaarbeurs:
  Is de locatie waar jaarlijks bedrijven hun producten kunnen tentoonstellen aan andere bedrijven en particulieren.

- Jaartal:
  Is een getal van het jaar waarin iets plaats vindt of gebeurt.
  Bijvoorbeeld in 1492 ontdekte Columbus Amerika.

- Jaartelling:
  Is de manier of de methode die men toepast om een tijdrekening te maken.
  De meeste jaartellingen bestaan uit twaalf maanden.

- Joule:
  Eenheid van energie (symbool = J)

K

Rekenwoordenboek

◦➢ **Kassa:**
Is een voorwerp waarin je geld kan stoppen en de ruimte in een winkel waar een consument zijn betalingen kan doen.

◦➢ **Kans:**
Heeft te maken met het inschatten van de mogelijkheden.

◦➢ **Kansberekening:**
Houdt zich vooral bezig met het berekenen van uitkomsten die geen zekerheid hebben. Bijvoorbeeld het berekenen van de kansen bij de resultaten van een onderzoekje of experiment.

◦➢ **Kassakorting:**
Percentage vermindering van de oorspronkelijke prijs bij de betaalafdeling van een winkel.

◦➢ **Keerteken:**

x

◦➢ **Kegel:**
Is een ruimte figuur die voorzien is van een grondvlak in de vorm van een cirkel en een 'kegelmantel' (is een gebogen vlak dat samenkomt in de top).

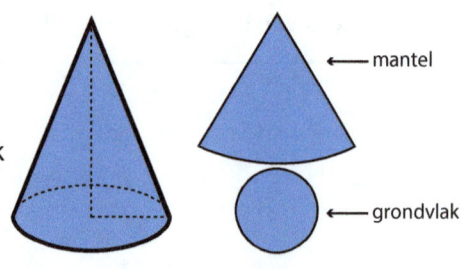

◦➢ **Kijkhoek:**

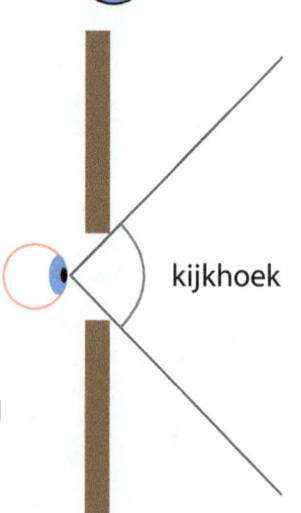

◦➢ **Kilo:**
Is een voorvoegsel van een eenheid die met 1000 vermenigvuldigd wordt. (kilometer =1000 meter, kilogram=1000 gram).

◦➢ **Kilobyte:**
Het is gelijk aan 1000 byte. (KB)

K

Rekenwoordenboek

- Kilogram:
  Eenheid van gewicht. Het is gelijk aan duizend gram (kg).

- Kilometer:
  Eenheid van afstand. Het is gelijk aan duizend meter (km).

- Kilometerteller:
  Het is een meetinstrument, bijvoorbeeld in een auto,
  die de snelheid en de afgelegde afstand meet en aangeeft.

- Kilowatt (kw):
  Eenheid van elektrisch arbeidsvermogen.
  Het is gelijk aan duizend watt.

- Knoop:
  Eenheid van snelheid. Het is gelijk aan een zeemijl per uur.
  Zeemijl =1852 meter. (zeevaart en luchtvaart)

- Kladpapier:
  Papier voor het maken van berekeningen en aantekeningen.
  Hulpmiddel bij het oplossen van rekenopgaven.

- Klasse:
  Iets dat hoort bij een bepaalde categorie of afdeling.

- Kleiner dan:
  Een getal dat een lagere waarde heeft dan een ander getal.
  Dit geef je met het symbool < aan.   **25 is kleiner dan 50 = 25 < 50**

- Klok:
  Is een apparaat waarop je kunt zien hoe laat het is.
  De tijd die wordt aangegeven is meestal analoog.

- Kolommen:
  Zijn onderdelen van een tabel, waarin verschillende getallen
  in gesorteerd staan.
  De rijen en kolommen vormen samen een tabel.

Mannen	Vrouwen
68	65
96	89
123	101
140	116
157	130
191	135

K

Rekenwoordenboek

- **Kolomsgewijs rekenen:**
  De grootte van de getallen onder elkaar uitrekenen.
  Je begint van links naar rechts. Duizendtallen, honderdtallen,
  tientallen en vervolgens de eenheden (DHTE getallen).

```
  463
  382 +
  700
  140
    5 +
  845
```
honderdtallen
tientallen
eenheden

- **Kommagetal:**
  Een getal met één of meer cijfers achter de komma. Ook wel decimaal getal genoemd.
  Bijvoorbeeld 1,5 (anderhalf) 2,34 (twee komma vierendertighonderdste).

- **Kompas:**
  Is een instrument dat de richting aan geeft.

- **Kompasroos:**
  Is een meetinstrument, in de vorm van een cirkel,
  om hoeken op te meten of te tekenen.

- **Kookpunt:**
  De maximumtemperatuur van een vloeistof die kookt.
  Kookpunt van water is 100.

- **Koolhydraten:**
  Dat zijn voedingsstoffen. Ze dienen meestal als brandstof en
  energieleverancier voor het lichaam. Koolhydraten krijg je binnen door voedsel.

- **Koopkracht:**
  Geeft aan hoeveel goederen een huishouden kan kopen met het besteedbaar inkomen.

- **Korting:**
  Percentage vermindering van het bedrag dat je niet hoeft te betalen.

- **Kosten:**
  Het geld dat betaald moet worden bij het aanschaffen van goederen en diensten.

- **Kosteloos:**
  Deze goederen of diensten zijn gratis.

K

- Kostprijs:
  Zijn de totale kosten die gemaakt worden voor het leveren of produceren van een product of dienst.

- Krediet:
  Is een lening die wordt afgesloten en die later in termijnen wordt afgelost.

- Kredietlimiet:
  Het maximum bedrag dat je mag lenen.

- Kubieke:
  Geeft de inhoud van een driedimensionaal figuur aan (m^3)

- Kubieke meter:
  Is een inhoudsmaat. 1m x 1m x 1m. Symbool m^3

- Kubus:
  Driedimensionaal figuur voorzien van 6 gelijke vlakken en 12 ribben die even lang zijn. Alle 8 hoeken zijn recht (90).

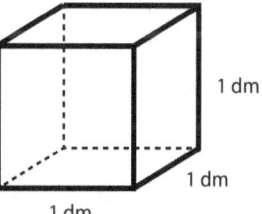

- Kuub:
  Inhoudsmaat is gelijk aan $1m^3$ (kuub zand)

- Kwadrant:
  Is het vierde deel van een cirkeloppervlak.

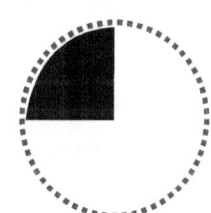

- Kwadrateren:
  Is een getal tot de macht twee. Bijvoorbeeld $6^2 = 6 \times 6 = 36$. Het is dus het product van twee gelijke getallen.

- Kwantiteit:
  Heeft te maken met het aantal, de hoeveelheid of tijdsduur van iets.

- Kwaliteit:
  Is de mate waarin iets voldoet aan de specifieke gestelde eisen.

- Kwartaal:
  Is gelijk aan 13 weken.

L

Rekenwoordenboek

- **Laadvermogen:**
  Het maximale laadgewicht die een voertuig mag vervoeren.
  Meestal uitgedrukt in tonnen (1 ton = 1000kg).

- **Laden:**
  Goederen worden in een voertuig geladen.
  Het invoeren van gegevens in een computer noemt men ook laden van gegevens.

- **Lading:**
  Heeft te maken met de hoeveelheid spullen
  dat geladen zijn in een voertuig.

- **Landmeter:**
  Het is iemand die gespecialiseerd is in het opnemen van afmetingen
  van terreinen en deze vervolgens in kaart brengt.

- **Leeftijd:**
  Is het verschil tussen het geboortejaar van een persoon en het huidige jaar.

- **Lenen:**
  Een hypotheek op iets nemen en maandelijks weer aflossen.
  Iets van iemand anders gebruiken en later teruggeven.

- **Lengte:**
  Langste meting van een rechthoek en het heeft
  ook te maken met hoe lang iets duurt.

- **Lengtematen:**
  km, hm, dam, m, dm, cm, mm.

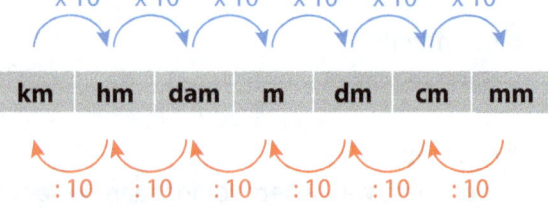

- **Liftvermogen:**
  Het maximale gewicht dat een lift kan dragen.

L

Rekenwoordenboek

- **Lijndiagram:**
  Is een lijn die punten in een grafiek met elkaar verbindt.
  Ook wel lijngrafiek genoemd.

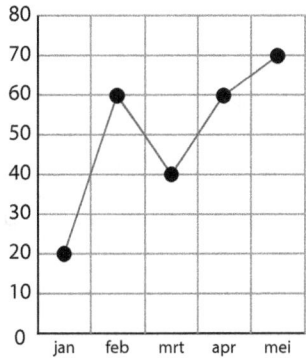

- **Lijnstuk:**
  Is een lijn die twee punten met elkaar verbindt.

- **Lijnsymmetrisch:**
  Is een figuur die je kunt dubbelvouwen, zodat de beide helften netjes op elkaar passen (spiegelsymmetrisch)

- **Liniaal:**
  Een meetlat van ongeveer 30 centimeter hout of plastic.

- **Liter:**
  Inhoudsmaat die gelijk is aan 1 kubieke decimeter (1 dm^3) symbool: l

- **Logo:**
  Herkenningsteken van een boek, site, bedrijf of merk.

- **Loodrecht:**
  Lijnen die elkaar onder een rechte hoek (90) snijden, noemen we loodrecht of haaks.

- **Lossen:**
  Het uitladen van goederen.
  Bijvoorbeeld uit een vrachtwagen.

- **Luchtdruk:**
  Is de druk die de lucht door zijn gewicht op het aardoppervlak uitoefent.

M

Rekenwoordenboek

∞ Maand:
Is ongeveer gelijk aan 30 dagen. $\frac{1}{12}$ deel van een jaar.

∞ Maandlasten:
Zijn de kosten die een persoon maandelijks in totaal kwijt is.

∞ Maat:
Geeft de grootte van iets aan. Het is een eenheid van lengte, oppervlakte of inhoud.

∞ Maatbeker:
Hierop kan je aflezen wat het volume van een vloeistof is.
Ook wel maatglas genoemd.

∞ Machtgetal:
Geeft aan hoe vaak een getal met zichzelf vermenigvuldigd moet worden.

$4^3 = 4 \times 4 \times 4 = 64$ machtgetal

∞ Machtsverheffen:
Bij machtsverheffen wordt een getal herhaaldelijk met zichzelf vermenigvuldigd.

$3^2 = 3 \times 3 = 9$

∞ Marathon:
Is gelijk aan een afstand van 42 km hardlopen.

∞ Massa:
Is het hoeveelheid gewicht van een voorwerp.

∞ Maximaal:
Grootste hoeveelheid, dat toegestaan is bij iets.
Bijvoorbeeld, het maximaal gewicht dat is toegestaan in een lift of de maximale snelheid dat een automobilist moet aanhouden op een autoweg.

∞ Maximumsnelheid:
Geeft aan hoe hard je maximaal mag rijden met een auto.
De Hoogste snelheid die hier is toegestaan.

M

Rekenwoordenboek

- **Maximumtemperatuur:**
  Is het hoogst gemeten temperatuur over een bepaalde periode.

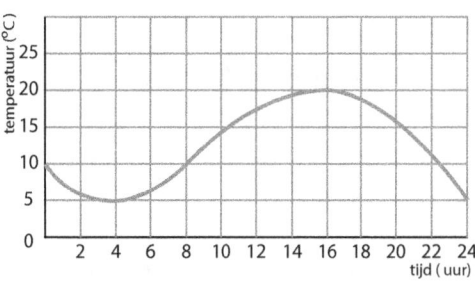

- **Mediaan:**
  Is het midden van alle gegevens die verzameld zijn in een grafiek of het midden van een reeks verzamelde getallen:

- **Meer:**
  Hier spreken wij van een groter aantal of hoeveelheid als men deze hoeveelheden en aantallen met elkaar vergeleken heeft.

- **Meerwaarde:**
  Is de winst die iemand ontvangen heeft bij het verkopen van een bepaald product. Het geeft dus het verschil aan tussen de verkoop en aankoop van goederen.

- **Meetinstrumenten:**
  Zijn hulpmiddelen die gebruikt worden om hoeveelheden en omvangen van dingen op te meten.

- **Meetlat:**
  (liniaal) Een meetlat van ongeveer 30 centimeter hout/plastic.

- **Meetlint:**
  Is een hulpmiddel om de maat van iets op te nemen. Meestal gemaakt van textiel, kunststof of metaal.

- **Mega:**
  Is gelijk aan een miljoenvoud van een genoemde eenheid. (1.000.000)

- **Megabyte:**
  Is gelijk aan 1000 kilobyte of 1.000.000 bytes. Schrijf je op als MB

- **Megaton:**
  Is gelijk aan 1000 ton = 1.000.000 kg

- **Mengen:**
  Verschillende dingen bij elkaar doen en tot één geheel maken.

M

- Menu:
Zijn keuze mogelijkheden op een beeldscherm van een computer. Hieruit kan een gebruiker een keuze maken om aan de slag te gaan met een bestand of programma.

- Memoriseren:
Het is een leerproces om kennis in het geheugen te ordenen en op te slaan, zodat deze later makkelijk weer opgeroepen kan worden uit het geheugen.

- Meter:
Is een lengtemaat dat gelijk is aan 100 cm (m).

- Micro:
0,000.001 (miljoenste).

- Middellijn:
Een rechte lijn die vanaf een punt op de cirkellijn door het middenpunt gaat. Verdeelt de cirkel in twee gelijke helften.

- Middelpunt:
Vind ik in het midden van een cirkel (de straal van een cirkel loopt van middelpunt tot cirkellijn).

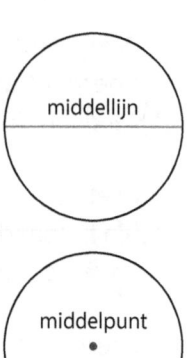

- Mijl:
Heeft een ruime afstand van 1,5 km.

- Miljard:
Is gelijk aan 1.000.000.000 (negen nullen).

- Miljoen:
Is gelijk aan 1.000.000 (zes nullen).

- Miljoen tal:
Geeft de waarde van een bepaald getal aan.
7.432.356 Het miljoen tal in dit getal is 7.000.000

- Milli:
0,001 (duizendste)

M

- Millennium:
  Is 1000 jaar.

- Milliliter:
  Is een inhoudsmaat die gelijk is aan een duizendste van een liter (ml).

- Millimeter:
  Is een lengtemaat die gelijk is aan een duizendste van een meter (mm).

- Minder:
  Hier spreken we van een kleiner aantal of hoeveelheid.

- Minimaal:
  Laagste hoeveelheid, dat toegestaan is bij iets. Bijvoorbeeld; minimaal 5 mensen moeten zich inschrijven voor een workshop om deze door te laten gaan.

- Minimumloon:
  Is het loon dat je volgens de wet het minst moet verdienen bij een fulltimebaan.

- Minimumsnelheid:
  Is de laagste snelheid die is toegestaan.

- Minimumtemperatuur:
  Is het laagst gemeten temperatuur over een bepaalde periode.

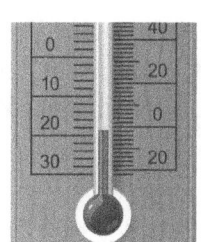

- Minteken:
  Is een symbool dat in een som aangeeft dat het verschil tussen twee getallen berekend moet worden. Het is ook een symbool dat een negatiefgetal aangeeft.

- Minuut:
  Is gelijk aan 60 seconden.

- Modus:
  Is de waarde die het vaakst voorkomt in een grafiek of een getal die het vaakst voorkomt in een verzamelde getallen reeks.

- Monetaire inflatie:
  Is de toename van het hoeveelheid geld.

- Munt:
  Is een wettelijk betaal middel van een land. Materiaal is van metaal.

N

Rekenwoordenboek

◦ Nano:
0,000.000.001 (miljardste)

◦ NAP:
Normaal Amsterdams Peil. 0 m NAP is gelijk aan gemiddeld zeeniveau.

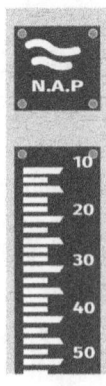

◦ Negatieve getallen:
Dat zijn getallen onder de nul.
Bijvoorbeeld een negatief saldo hebben bij de bank
(Rood staan) of de temperatuur is vandaag - 4°
(vier graden onder nul).

◦ Nettobedrag:
Is het bedrag dat je uiteindelijk overhoudt na aftrek van de kosten en belasting.

◦ Niveau:
Denk aan; peil, vloeistofspiegel, waterspiegelpeil, rang, level, stadium van ontwikkeling, bevoegdheid etc.

◦ Noemer:
Is het getal onder de deelstreep van een breuk.

$$\frac{3}{4} \leftarrow \text{noemer}$$

◦ Nominale waarde:
Is de waarde die bijvoorbeeld vermeld staat op een munt of papiergeld.

◦ Notatie:
Zijn regels voor het gebruik van tekens en symbolen die een vastgestelde onderlinge relatie en positie met elkaar hebben.

◦ Nulhoek:
Een hoek van 0 graden. De benen vallen samen.

◦ Nummer:
Een cijfer of een getal die de plaats aangeeft in een reeks.

O

Rekenwoordenboek

- **Obligaties:**
  Is een schuldbewijs voor een lening.
  Deze lening is aangegaan door een instelling, bedrijf of de overheid.
  Het is tevens ook een bewijsstuk dat verhandelbaar is.

- **Offerte:**
  Is een voorstel prijsopgave voor het leveren van goederen en diensten.

- **Omcirkelen:**
  Een cirkel om iets tekenen.
  Bijvoorbeeld een cirkel om het goede antwoord plaatsen.

- **Omkeren:**
  Is een rekenkundige strategie om optelsommen en keersommen makkelijk uit te werken.

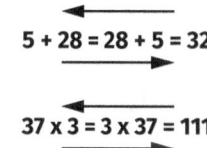

- **Omrekenen:**
  De waarde van een getal uitrekenen in een andere eenheid.

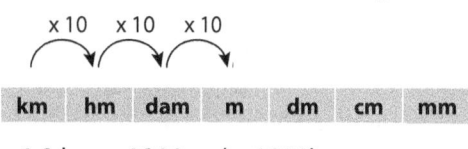

1,2 km = 1200 m (x 1000)

- **Omtrek:**
  De omtrek van een figuur is de lengte die je om een figuur heen meet.
  Je voorstellen alsof je ergens omheen loopt of een hek om iets maakt.

- **Omzet:**
  De opbrengst van alles dat verkocht is in een bepaalde periode
  (dag, week, maand of jaar).

- **Onderneming:**
  Is een ander naam voor bedrijf. Een bedrijf is gericht op het maken van winst.

- **Ongeveer:**
  Schatting van een getal. Het hoeft niet precies of exact te zijn.

  12,7365 Schatting op:
  een geheel getal ≈ 13
  een tiende ≈ 13,7
  een honderdste ≈ 12,74
  een duizendste ≈ 12,737

O

Rekenwoordenboek

○ **Ongeveer teken:**
Is een symbool die een schatting van een getal aangeeft.

$$4,7 \approx 5$$

○ **Ons:**
Is een gewichtseenheid die gelijk is aan 100 gram (gr) of 1 hectogram (hg).

Opbouw:
Het is een bouwwerk dat bovenop een stevige basis gebouwd is.

○ **Opbrengst:**
Wat het verkopen van goederen of diensten oplevert.

○ **Opgave:**
Een rekenopdracht die gedaan moet worden.

○ **Oplossing:**
Is een ander woord voor uitkomst.

○ **Oppervlakte:**
Geeft de grootte van de bovenste laag van een figuur, voorwerp of bouwwerk aan. De eenheid spreek je uit als m^2. Het betekent meter in het kwadraat (m x m).

○ **Opruiming:**
Korting op de oude voorraad. De voorraad wordt voordelig verkocht.

○ **Optellen:**
Als je twee getallen bij elkaar optelt, noem je het antwoord de som van de getallen.

○ **Ordenen:**
Het rangschikken van jaartallen op een tijdbalk of het rangschikken van getallen op een getallenlijn van klein naar groot.

○ **Overbruggen:**
(aanvullen) Is een rekenkundige strategie om optel- en aftreksommen op te lossen.

301 – 298 uitrekenen via 298 + 3 = 301

○ **Overnachting:**
Is het aantal nachten verblijf in een hotel of andere accommodatie.

P

Rekenwoordenboek

- Paardenkracht:
  Is de eenheid om een vermogen aan te duiden.
  1 Pk (Paardenkracht) is gelijk aan 0.746 kilowatt
  1PK = 0,746 KW.

- Pallet:
  Is een vierkanten houten plateau waarop je goederen opslaat of vervoert.

- Parallel:
  Lijnen die dezelfde richting hebben en elkaar niet snijden.
  De lijnen lopen evenwijdig met elkaar.

- Parallellogram:
  Is een tweedimensionaal figuur.
  Twee zijden staan tegenover, lopen evenwijdig aan elkaar (parallel) en ze zijn even lang. De hoeken die tegenover elkaar liggen zijn even groot.

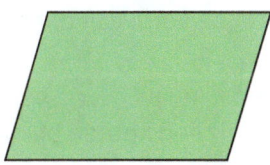

- Parcours:
  Is een route, van een wedstrijd, die moet worden afgelegd door de deelnemers.

- Passer:
  Is een instrument om een cirkel te tekenen.

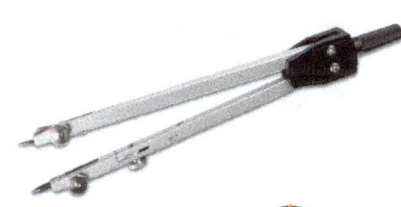

- Patroon:
  Herhaling van getallen, figuren of vormen met toepassing van dezelfde regels.

- Per:
  Geeft een deling van eenheden aan.
  Wordt vaak gebruik bij de eenheden **km/u** (kilometer per uur) en **m/s** (meter per seconde). Schuine streep spreek je uit als **per**.

- Percentage:
  Is het aantal procenten.

P

Rekenwoordenboek

- **Periode:**
  Is een afgesproken tijdsafmeting:
  Bijvoorbeeld een periode per 4 weken of per drie maanden).

- **Perspectief:**
  Is de dieptewerking in driedimensionale figuren,
  voorwerpen of objecten.

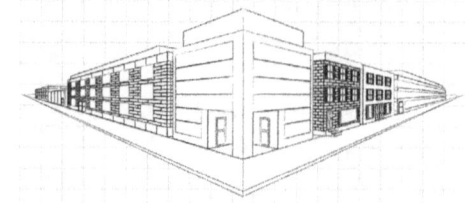

- **Pi:**
  Symbool π. Het een rekenbegrip om de omtrek of de oppervlakte
  van een cirkel te kunnen uitrekenen. Spreek je uit als **pie**.

  $\pi = 3{,}14$

- **Piramide:**
  Is een ruimtelijk figuur die bestaat uit een grondvlak en zijvlakken in
  de vorm van driehoeken die bij elkaar komen in de top van de piramide.

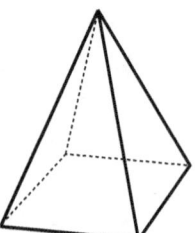

- **Plateau:**
  Is een houten of kunststof bouwwerk dat hoger ligt dan de omgeving
  (Bijvoorbeeld een pallet)

- **Plattegrond:**
  Is een tekening op schaal. Je kunt hierop de afstanden en afmetingen aflezen.
  Het is een soort bovenaanzicht.

- **Plusteken:**
  Het is en symbool die een optelling of een positiefgetal aangeeft.

- **PM:**
  Na de middag

- **Pond:**
  Gewichtseenheid die gelijk is aan een half kilogram (**500gr**).

- **Populatie:**
  De hoeveelheid mensen of dieren van dezelfde soort die in een bepaald
  gebied woonachtig zijn.

P

Rekenwoordenboek

- **Positie:**
  Is de plaats waar een getal, object, voorwerp of figuur zich bevindt ten opzichte van andere dingen.

- **Positieve getallen:**
  Zijn getallen die groter of gelijk zijn aan nul. (0,1,2,3, 4 ....)

- **Positioneren van getallen:**
  Het plaatsen van getallen op de juiste positie op een getallenlijn.
  Bijvoorbeeld 35 komt tussen 30 en 40 te staan.
  Handig hulpmiddel om de grootte van een getal duidelijk te maken.

- **Praatpaal:**
  Is een telefoon langs de snelweg waarmee je hulp bij pech kunt oproepen.

- **Priemgetal:**
  Is een natuurlijk getal groter dan 1 en dat alleen door 1 of door zichzelf gedeeld kan worden.
  (2, 3, 5, 7, 11, 13, 17, 19, 23, 29, 31, 37, 41, 47, 53 ....)

- **Prijs:**
  Het bedrag dat betaald moet worden om een bepaald product of dienst te kopen.

- **Prijsinflatie:**
  Is een stijging van het algemeen prijspeil.

- **Prijspeil:**
  Door middel van verschillende factoren zijn de prijzen ten opzichte van de voorgaande jaren veranderd.

- **Prisma:**
  Is een driedimensionaal figuur waarvan het grondvlak en het bovenvlak precies dezelfde veelhoek hebben en de zijvlakken allemaal rechthoeken zijn.

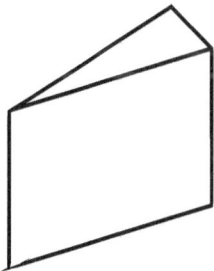

- **Procent:**
  Met procenten geeft men aan hoe groot een deel van het geheel is.

Per 100 ($\frac{1}{100}$)

P

∞ **Produceren:**
Is het maken, afleveren of vervaardigen van goederen of diensten.
Bijvoorbeeld in een fabriek.

∞ **Product:**
Is de uitkomst van een vermenigvuldiging van twee getallen.
Een product kan ook iets zijn dat men gemaakt heeft en weer verkoopt.
Een artikel in de winkel.

∞ **Prognose:**
Een voorspelling hoe iets eruit zal zien over een bepaald periode.

∞ **Pythagoras:**
Is een formule berekening bij een rechthoekige driehoek
(schuine zijde is letter c)

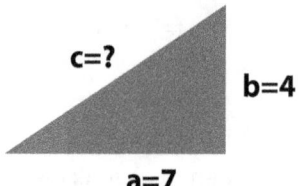

$a^2 + b^2 = c^2$ $7^2 + 4^2 = c^2$ $49 + 16 = 65$ $c = \sqrt{65} = 8{,}1$

Q

∞ **Quotiënt:**
Dit is de uitkomst van een deling.   **18: 3 = 6 (quotiënt = 6)**

R

Rekenwoordenboek

∞ **Rang:**
Is de plaats, het niveau of positie die een getal inneemt in het geheel.

∞ **Rangschikken:**
Getallen in een bepaalde volgorde zetten, zodat het overzichtelijker wordt.
Bijvoorbeeld jaartallen rangschikken op een tijdbalk.

∞ **Rationaal getal:**
Elk geheel getal of elk decimaal getal met oneindig veel decimalen is een Rationaal getal.
Het is de deling van twee gehele getallen, waarvan het tweede getal nooit 0 mag zijn.

17 : 3 = 5,666666666666667

∞ **Realistisch rekenen:**
Is een rekendidactiek die de nadruk legt op inzicht door middel van het aanleren
van strategieën om problemen en situaties op te lossen.

∞ **Rechte hoek:**
Is een haakse hoek van 90°

∞ **Rechthoek:**
Heeft vier rechte hoeken.
De zijden die tegenover elkaar liggen zijn even lang.

∞ **Rechthoekige driehoek:**
Is een driehoek met één rechte hoek (90)

∞ **Rechthoekmethode:**
Is een rekenkundige oplossingsstrategie om keersommen
makkelijk uit te werken.

36 x 24 =

x	30	6	
20	600	120	720
4	120	24	144 +
			864

∞ **Reclame:**
Presentaties over producten of diensten met de bedoeling
deze te verkopen. Dit gebeurt door middel van advertenties
in kranten en bladen of het gebruik maken van de media.

R

Rekenwoordenboek

- **Record:**
  De hoogste prestatie die iemand of iets behaald heeft.

- **Reeksen:**
  Is een rij van getallen die op elkaar volgen.   2 → 4 → 8 → 16 → 32 → 64 ....

- **Referentiematen:**
  Zijn maten om te schatten hoe groot of hoe lang iets is.
  Je kunt een vergelijking maken met een maat die je kent.
  (volwassen man ≈ **1,80m**, verdieping ≈**3m** hoog)

- **Reisduur:**
  Is het verschil tussen de vertrektijd en aankomsttijd.

- **Rekenen:**
  Werken met cijfers en getallen.

- **Rekening:**
  Is een bon waarop staat wat je moet betalen voor een bepaald product of dienst.

- **Rekeningafschrift:**
  Het is een kopie van de originele factuur.

- **Rekenmachine:**
  Is een handig apparaat om ingewikkelde sommen uit te rekenen.

- **Rekenregels:**
  Zijn rekenafspraken over de volgorde waarin
  bewerkingen moeten worden uitgevoerd.

  1- Haakjes wegwerken
  2- Machtsverheffen en worteltrekken
  3- Vermenigvuldigen en delen
  4- Optellen en aftrekken

- **Rente:**
  Is een percentage vergoeding die je krijgt of moet
  betalen voor een bepaald bedrag.

- **Reserveren:**
  Van te voren een afspraak maken om gebruikt te kunnen maken van een dienst.
  Bijvoorbeeld het reserveren van een overnachting in een hotel of plaatsen reserveren
  voor een film in de bioscoop.

R

Rekenwoordenboek

- Rest: Is de waarde die je overhoudt als je een deling eerlijk wilt delen.

$$20 : 3 = 6 \text{ rest } 2$$

- Resultaten:
Is de einduitwerking van een onderzoek of het behaalde cijfer voor een rekentoets.

- Ribben:
Randen van een ruimtefiguur.

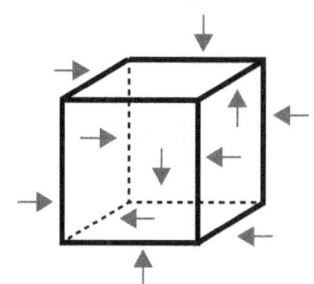

- Richting:
Is de kant waar iets heen gaat. Bijvoorbeeld je vaart met de boot naar het noorden.

- Rijen:
Zijn onderdelen van een tabel, waarin verschillende getallen in gesorteerd staan.
De rijen en kolommen vormen samen een tabel.

- Rijgen:
Is een rekenkundige oplossingsstrategie om optelsommen makkelijk uit te werken.

$$635 + 237 = 635 + 200 + 30 + 7 = 872$$

- Rolmaat:
Is een meetinstrument om nauwkeurig lengtes af te meten. Wordt meestal gebruikt in de bouw.

- Romeinscijfers:
Zijn getallen die worden weergegeven in de getalsymbolen uit het oude Rome.

Romeins cijfer	Betekenis
I	1
V	5
X	10
L	50
C	100
D	500
M	1000

R

- Rood staan:
  Is het hebben van een negatief saldo.

- Rotonde:
  Is een rond verkeersplein waarop een aantal wegen uitkomen die je geordend naar een bepaalde richting leiden.

- Route:
  De plaats waar je naar toe wilt lopen, fietsen, rijden, varen of vliegen.

- Ruimtelijke figuren:
  Dat zijn driedimensionale figuren. Voorbeelden van ruimtelijke figuren zijn;
  De piramide, de balk, de bol, de kubus, de kegel en het prisma.

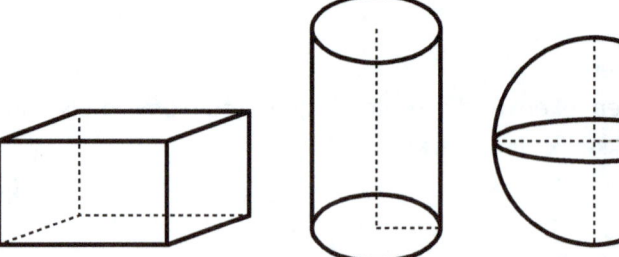

- Ruit:
  Het is een vlakke figuur of vierhoek waarvan de zijden tegen over elkaar liggen, evenwijdig en even lang zijn. De diagonalen staan loodrecht op elkaar en delen elkaar doormidden.
  De hoeken van een ruit liggen tegen over elkaar en zijn even groot.

S

Rekenwoordenboek

◦ **Saldo:**
Is het bedrag dat je overhoudt na het verrekenen van de uitkomsten en uitgaven.

◦ **Samen:**
Alles bij elkaar opgeteld.

◦ **Samengestelde breuk:**
Is een getal dat bestaat uit een geheel getal en een breuk.
Dit heet ook gemengd getal.

$$3\tfrac{1}{2}\ ,\ 2\tfrac{3}{4}\ ,\ 6\tfrac{4}{5}$$

◦ **Samengestelde eenheden:**
Is een combinatie van eenheden.

$$\tfrac{km}{uur}\ ,\ \tfrac{m}{s}\ ,\ \tfrac{gr}{m^3}$$

◦ **Samenstelling:**
Combinatie van getallen of de onderdelen waaruit een bouwwerkconstructie bestaat.

◦ **Schaal:**
Is een verkleinde weergave van de werkelijkheid.
Bijvoorbeeld een tekening op schaal **1:50**.
Dit wil zeggen dat **1cm** op de tekening in werkelijkheid **50x** zo groot is (**50cm**).

◦ **Schaallijn:**
Met behulp van een schaallijn kan je de afstanden op een
landkaart of plattegrond bepalen.

◦ **Schaduw:**
Is het ontstaan van een donkere vorm op de grond
als bijvoorbeeld de zon of een ander lichtbron geheel
of gedeeltelijk wordt tegengehouden door een object.

◦ **Schakelen:**
Is een rekenkundige oplossingsstrategie om optelsommen
of keersommen makkelijk uit te werken.

$$24 + 6 + 14 = 24 + 20 \text{ of } 30 + 14 = 34$$

$$25 \times 12 = 25 \times \underbrace{4 \times 3}_{100}$$
$$= 100 \times 3$$
$$= \quad\quad 300$$

S

ⓒ **Schatting:**
De waarde of grootte van een hoeveelheid of getal ongeveer uitspreken. 785 ≈ 800

ⓒ **Schema:**
Is een overzichtelijke weergave van gegevens die gebruikt kunnen worden bij het oplossen van een rekenopdracht.

ⓒ **Scherpe hoek:**
Is een hoek die kleiner is dan 90 (<90)

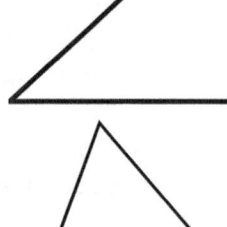

ⓒ **Scherphoekige driehoek:**
Heeft alleen maar scherpe hoeken (<90)

ⓒ **Schets:**
Een korte beschrijving van een situatie waarbij alleen de hoofdzaken worden weergegeven.

ⓒ **Schuifmaat:**
In een instrument die gebruikt wordt om bouwmaterialen te meten, zoals buizen, schroeven en latjes.

ⓒ **Schulden:**
Zijn openstaand bedragen die niet betaald kunnen worden.

ⓒ **Score:**
Het aantal punten van een test of een wedstrijd.
Dit wordt genoteerd op een scoreformulier of digitaal ingevoerd.

ⓒ **Seconden:**
Eenheid van tijd. Symbool = S   60 sec = 1 min   3600 sec = 1 uur = 60 min

ⓒ **Sectoren:**
Zijn meetinstrumenten voor het meten van verhoudingen.

ⓒ **Seizoen:**
Een jaar dat is opgedeeld in periodes van 3 maanden (lente, zomer, herfst en winter)

ⓒ **Smeltpunt:**
Het begin temperatuur waarop een vaste stof vloeibaar wordt.

S

Rekenwoordenboek

- Snelheid:
  Is de verhouding tussen de afgelegde afstand en gebruikte tijd hiervoor.
  Dit wordt aangeven met de eenheden. (kilometer per uur km/uur en meter per seconde m/s

- Snelheidsovertreding:
  Het overschrijden van de maximale snelheid dat is toegestaan op de weg.

- Snijpunt:
  Het punt waar twee of meer grafiek lijnen elkaar doorsnijden.

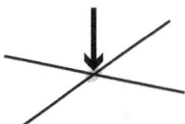

- Som:
  Het is de uitkomst van een optelling van getallen.

- Spaarrekening:
  Is een rekening bij een bank die iemand heeft om geld te sparen.

- Spiegel-as:
  Is een scheiding tussen het echte beeld en het spiegelbeeld.

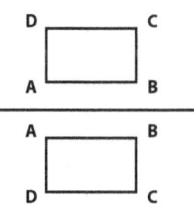

- Spiegelbeeld:
  Is een afspiegeling van voorwerp of iemand op een oppervlak
  die beeld terug kaatst.

- Spiegelsymmetrisch:
  Een figuur die je kunt dubbelvouwen, zodat de beide helften
  netjes op elkaar passen (lijnsymmetrisch)

- Splitsen:
  Is een rekenkundige oplossingsstrategie om keersommen
  makkelijk uit te werken.

  $$7 \times 16 = 7 \times 10 + 7 \times 6 = 70 + 42 = 112$$

- Sprongen:
  Is een rekenkundige oplossingsstrategie om
  sommen makkelijk uit te werken.

  $$345 + 235 = 580$$

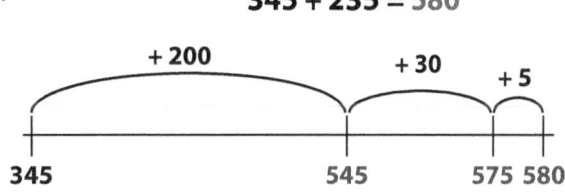

S

Rekenwoordenboek

Staafdiagram:
Is een grafiek die gegevens overzichtelijk in beeld brengt in de vorm van staven.

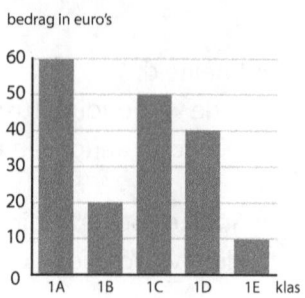

Staartdeling:
Is een rekenkundige berekening waarbij je een getal in stapjes deelt door een ander getal. Deze algoritmische bewerking wordt op papier gedaan.

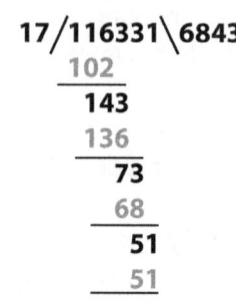

Stambreuken:
Zijn breuken waarvan de teller altijd 1 is.

$$\frac{1}{2} \quad \frac{1}{5} \quad \frac{1}{6} \quad \frac{1}{12}$$

Statiegeld:
Geld dat je terug krijgt voor een verpakking van een product als je die weer inlevert. Bijvoorbeeld het inleveren van lege frisdrankflessen bij de supermarkt. Hiervoor krijg je statiegeld.

Statistiek:
Is het verzamelen, bewerken, interpreteren en presenteren van gegevens via overzichtelijke grafieken, schema's en tabellen.

Steekproef:
Is een selectie van een aantal proefpersonen om een meeting te doen voor een onderzoek.

Steelbladdiagram:
Is een manier om gegevens geordend in beeld te brengen. Bijvoorbeeld het in overzicht brengen van proefwerkcijfers van een groep.

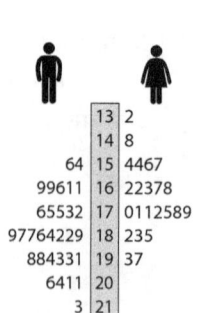

S

Rekenwoordenboek

- Stijgen:
  De toenemende waarde van iets.
  Bijvoorbeeld prijsstijging of groter worden van een getal.

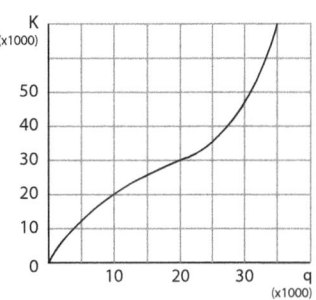

- Stompe hoek:
  Is een hoek die groter is dan 90 (>90).

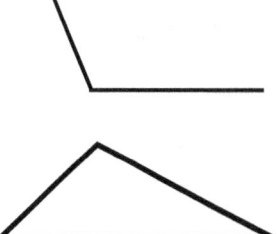

- Stomphoekige driehoek:
  Is een driehoek met één stompe hoek (>90).

- Straal:
  Is de afstand van het middelpunt naar elke punt op de cirkelrand.
  Wordt aangegeven met de letter r.

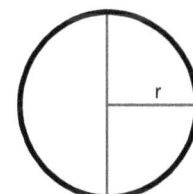

- Stroom:
  Is de hoeveelheid verplaatsing van elektriciteit of een vloeistof in een bepaalde richting.

- Structuur:
  Is de opbouw of samenstelling van iets.

- Symbool:
  Zijn tekens die een rekenbegrip voorstellen of een rekenkundige bewerking aanduiden.
  (**Kleiner dan <, ongeveer ≈, kleiner of gelijk aan ≤, groter dan >, gelijk aan =, keer ×, delen ÷ /**)

- Symmetrieas:
  Is een lijn die een ruimtelijk figuur in twee helften verdeelt, zodat de figuur aan de ene kant van de lijn het spiegelbeeld is van de figuur aan de andere kant.

T

Rekenwoordenboek

ೞ Tabel:
Een schema waarin gegevens op een overzichtelijke manier zijn weergegeven.

Leeftijd	Mannen	Vrouwen
1-4	68	65
4-7	96	89
7-10	123	101
10-13	140	116
13-16	157	130
16-19	191	135
19-22	179	125
22-50	173	119
50-65	165	112
65+	144	108

ೞ Tafels:
Zijn hulpmiddelen om snel te kunnen vermenigvuldigen.

$$5 \times 24 = 5 \times 20 + 5 \times 4 = 100 + 20 = 120$$

ೞ Tarief:
Is de prijs dat je voor een artikel moet betalen.

ೞ Tegoed:
Geld dat je nog hebt om te kunnen besteden.
Bijvoorbeeld Beltegoed (Geld dat je nog over hebt op je telefoon om te kunnen bellen).

ೞ Tekens:
Zijn symbolen die een rekenbegrip voorstellen of een rekenkundige bewerking aanduiden.
(**Kleiner dan <, ongeveer ≈, kleiner of gelijk aan ≤, groter dan >, gelijk aan =, keer ×, delen ÷/**)

ೞ Tekort:
Wanneer geld ontbreekt om iets te kopen.

ೞ Teller:
Is een getal die zich boven de deelstreep van een breuk bevindt.

$$\frac{2}{7} \leftarrow \text{teller}$$

ೞ Temperatuur:
Geeft aan hoe koud of hoe warm het is.
Dit wordt in graden Celsius aangegeven.

ೞ Temperatuurverschil:
Is het verschil tussen twee temperatuurwaardes.
Gisteren was het -3° Vandaag is het 4° Het verschil in temperatuur is -3° − 4° = -7°.
Het is dus **7°** graden verschil.

T

Rekenwoordenboek

- **Tempo:**
  Is de snelheid waarmee je iets doet.

- **Tera:**
  Is gelijk aan een biljoen .   Symbool: T (1.000.000.000.000)

- **Terras:**
  Is een buitengebied met tafels en stoelen waar mensen
  kunnen eten drinken of communiceren met elkaar.

- **Testresultaten:**
  Zijn geanalyseerde gegevens uit een onderzoek.

- **Thermometer:**
  Is een meetinstrument die de temperatuur aangeeft.

- **Tienden:**
  Een decimaalgetal, met één cijfer achter de komma.
  0,3 spreek je bijvoorbeeld uit als **drietiende.**

- **Tienduizendtallen:**
  Geeft de waarde van een bepaald getal aan.   74.356
  Het tienduizendtal in dit getal is **70.000**

- **Tien miljoen tallen:**
  Geeft de waarde van een bepaald getal aan.   53.674.356
  Het tien miljoental in dit getal is **50.000.000**

- **Tientallen:**
  Geeft de waarde van een bepaald getal aan.   3.562
  Het tiental in dit getal is **60**

- **Tienvoud:**
  Is het veelvoud van 10.   (10,20,30,40,50,60,70,80,90, 100, 110, …)

- **Tijdlijn:**
  Is een ander woord voor een tijdbalk. Het is een weergave van gebeurtenissen
  of periodes in chronische volgorde. Meestal wordt dit met jaartallen aangeduid.

T

- Tijdsaanduiding:
  Op een klok wordt de tijd analoog of digitaal weergegeven.

- Tijdsduur:
  Geeft aan hoe lang iets duurt.

- Tijdseenheden:
  De tijd indelen in verschillende eenheden zoals:
  eeuwen, jaren, minuten en seconden.

- Tijdstip:
  Een afgesproken tijd of een bepaald moment in de tijd.

- Tijdzone:
  Verschillende gebieden op aarde hebben verschillende tijden of tijdzones.
  In Suriname is het vier uur vroeger dan in Nederland in onze wintertijd.
  Tijdens de zomermaanden (onze zomertijd) is het daar vijf uur vroeger.

- Timer:
  Is een tijdklok waarop kleine tijdsdeeltjes kunnen worden afgelezen.

- Toetsen:
  Zijn bedoeld om te onderzoeken als iemand of iets voldoet aan een bepaalde voorwaarde.

- Ton:
  Geldwaarde = €100.000 gewichtwaarde = **1000kg**

- Topscore:
  De hoogste score die iemand behaald heeft.
  Bijvoorbeeld bij voetballen.   **Eerste in de ranglijst**

- Totaal:
  Alle bedragen bij elkaar geteld.

- Totaalprijs:
  Alle bedragen bij elkaar opgeteld inclusief BTW.

T

Rekenwoordenboek

- **Traditioneel rekenen:**
  Is een ander begrip voor functioneer rekenen.
  Het is een rekendidactiek die de nadruk legt
  op automatiseren en veel oefenen.

```
       614
       574
       235 -
       339
```

$$17/116331\backslash 6843$$

- **Transformeren:**
  Is een rekenkundige oplossingsstrategie om
  optelsommen makkelijk uit te werken.

  124 - 78 = 126 - 80 = 46
    +2   +2

- **Trapezium:**
  Is een vierhoek waarvan twee zijden even lang zijn
  en twee zijden evenwijdig lopen met elkaar.

- **Trends:**
  De toename van iets gedurende bepaalde tijd.
  Bijvoorbeeld het volgen van een bepaald dieet, kapsel, mode etc.

- **Triljard:**
  Is gelijk aan 1.000.000.000.000.000.000.000

- **Triljoen:**
  Is gelijk aan 1.000.000.000.000.000.000

- **Tros:**
  Is gelijk aan een touwdikte met een omtrek van ≥ 4cm.
  (bundel). Je kunt ook denken aan een tros druiven.

- **Turftabel:**
  Een schema waarin gegevens op een overzichtelijke manier
  zijn gesorteerd. De hoeveelheden zijn aangegeven in
  de vorm van streepjes.

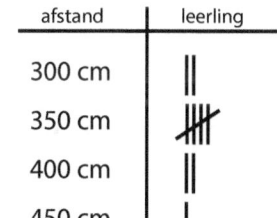

- **Turven:**
  Het tellen van hoeveelheden door het zetten van streepjes.
  Het is een snelle manier om een score bij te houden (Groepjes van 5)

- **Tweedimensionale figuren:**
  Zijn vlakke figuren. Je ziet geen diepte in deze figuren
  (vierkant, rechthoek, driehoek, cirkel).

U

Rekenwoordenboek

∞ **Uitslag:**
Als je een ruimtelijk figuur langs de ribben losknipt, krijg je een tweedimensionale bouwplaat. Zo'n bouwplaat noem je de uitslag van een ruimtelijk figuur.

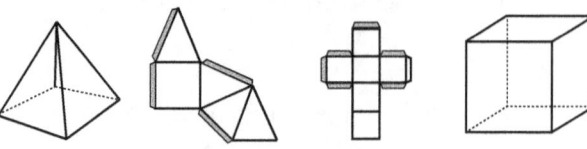

∞ **Uitverkoop:**
Een winkel probeert zijn voorraad kwijt te raken door de prijzen te verlagen. Bijvoorbeeld een wintercollectie die plaats moet maken voor een voorjaarscollectie.
(Reclameborden: **Korting 50% -70%, grote opruiming, Op =op**)

∞ **Uitwerking:**
Is de oplossing van een som met alle tussen stappen op papier.

∞ **Uur:**
Is gelijk aan 60 minuten of 3600 seconde. Symbool = h

∞ **Uurloon:**
Het loon die iemand per uur verdient bij het verrichten van arbeid.

∞ **Uurtarief:**
Het bedrag dat iemand per uur moet betalen voor een bepaalde dienst.

V

Rekenwoordenboek

- Valuta:
  Is een betaalmiddel die je vindt in de vorm van munten en biljetten waarmee je kunt betalen.

- Vaste stof:
  Dat zijn stoffen die wij kunnen vastpakken. Stoffen die niet vloeibaar zijn.

- Veel:
  Is een groot aantal of hoeveelheid.

- Veelvoud:
  Is het product van het getal met een geheel getal. (veelvoud van 5 zijn, **0, 5,10,15, 20**)

- Veiling:
  Is het verkopen van spullen aan degene die hoger bieden.
  Dit gebeurt meestal tijdens een veiling. (Huizen veilen, goederen veilen)

- Veranderen:
  Is een rekenkundige oplossingsstrategie om optelsommen makkelijk uit te werken.

  $27 + 18 = 30 + 15 = 45$
  +3   -3

- Verbanden:
  Is een ander woord voor verhoudingen. Denk aan verbanden tussen bijvoorbeeld tijd, afstand, leeftijd, inkomen, temperatuur etc. 2 staat tot 5 schrijf je op als 2 : 5

- Verbruiken:
  Een auto rijdt 1 op 15.
  Betekent dat een auto **1 liter** benzine verbruikt bij **15 kilometer**.

- Verdampen:
  Is wanneer vloeibare stof overgaat naar gasvormige stof.
  Bijvoorbeeld het water verdampt bij het koken.

- Verdelen:
  Een figuur in stukken verdelen.
  Bijvoorbeeld om een breuk concreet te maken.

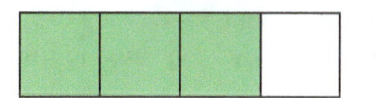

- Verdienen:
  Geld ontvangen voor de arbeid die je geleverd hebt.

V

Rekenwoordenboek

- Verdieping:
  Is een ander woord voor etage.
  Het is een ruimte in een gebouw.

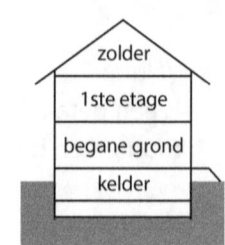

- Verdubbelen:
  Een getal, een figuur of de inhoud van iets twee keer zo groot of zoveel maken.

- Verdubbelen en halveren:
  Is een rekenkundige oplossingsstrategie om keersommen makkelijk uit te werken.

  $16 \times 25 = 8 + 50 = 400$
  $:2 \quad \times 2$

- Vereenvoudigen:
  Een breuk zo eenvoudig mogelijk schrijven.
  Zo makkelijk mogelijk.

  $\frac{24}{96} :2 \; \frac{12}{48} :2 \; \frac{6}{24} :2 \; \frac{3}{12} :3 \; \frac{1}{4}$

- Vergelijken:
  Wanneer je kijkt naar verschillen en overeenkomsten tussen getallen, figuren, voorwerpen of producten.

- Vergoeding:
  De kosten die iemand terug krijgt voor iets dat gebeurd is of de kosten die je zelf gemaakt hebt. Bijvoorbeeld; reiskostenvergoeding, schadevergoeding,

- Vergroten:
  Bij het vergroten van een figuur worden alle lengtes met hetzelfde getal vermenigvuldigd.

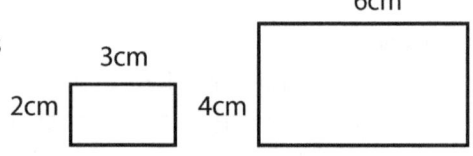

- Verhouding:
  Zijn getallen, figuren, ingrediënten, producten die ten opzichte van elkaar een vaste verhouding hebben. Dit wordt meestal aangegeven met twee getallen in een vorm van een breuk of een dubbele punt tussen twee getallen.

  $\frac{3}{4}$ of $3 : 4$

  Het betekent 3 staat tot 4 of 3 van de vier stukken.
  Het geeft dus een verband tussen aantallen en hoeveelheden.

V

Rekenwoordenboek

- **Verhoudingstabel:**
  Hiermee kun je de verhouding bijvoorbeeld tussen de prijs van een product en de hoeveelheid van dat product weergeven. Het is een hulpmiddel om het verband tussen twee getallenreeksen nauwkeurig weer te geven.

  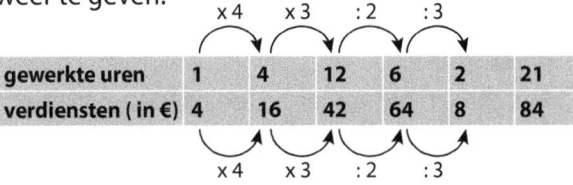

- **Verjaard:**
  Iets dat niet meer geldig is.
  Dit komt te vervallen. Bijvoorbeeld een oud document.

- **Verkleinen:**
  Bij het verkleinen van een figuur worden alle lengets met hetzelfde getal gedeeld.

- **Verkorte strategieën:**
  Een aanpak waarin men de regels, de relaties en eigenschappen van en tussen getallen gaat ontdekken en toepassen.

- **Verkoopprijs:**
  Het vastgestelde bedrag dat de consument moet betalen voor een bepaald artikel.

- **Verkoopwaarde:**
  Is de totale omzet van de verkochte goederen of verrichte diensten.

- **Verkopen:**
  Goederen verkopen of diensten verrichten aan een ander tegen betaling.

- **Verlaging:**
  Iets dat afneemt in kracht, grootte of waarde.
  Bijvoorbeeld bij winkelaanbieding worden prijzen van bepaalde artikelen verlaagd (korting).

- **Vermenigvuldigen:**
  Als je getallen met elkaar vermenigvuldigt, noem je het antwoord het product van de getallen.

  $15 \times 3 = 45$ (product = 45)

- **Vermogen:**
  Is het verschil tussen het aantal bezittingen en schulden van iemand.

V

Rekenwoordenboek

- **Verschil:**
  Uitkomst van een aftreksom of het verschil tussen figuren en voorwerpen benoemen.

  $$15 - 7 = 8$$

- **Verticale lijn:**
  Is een lijn die van beneden naar boven loopt.

- **Vertrektijd:**
  Is de tijd wanneer een trein vertrekt vanaf een station.
  Andere woorden voor vertrektijd zijn; aanvangstijd, begintijd of starttijd.

- **Verwisselen:**
  Is een rekenkundige oplossingsstrategie om keersommen makkelijk uit te werken.

  $$125 \times 7 = 7 \times 125 = 875 \qquad 35 \times 8 = 8 \times 35 = 280$$

- **Vierhoek:**
  Is een vlakke figuur met vier hoeken.
  Denk aan een rechthoek, vierkant, ruit, trapezium en een parallellogram.

- **Vierkant:**
  Een vierkant heeft altijd vier zijden die even lang zijn en heeft vier rechte hoeken.

  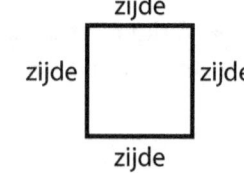

- **Vierkante:**
  Geeft de oppervlakte van een tweedimensionaal/vlakke figuur aan (m^2)

- **Vierkante meter:**
  Is een oppervlaktemaat. **1m x 1m** Symbool m^2

- **Vijfhoek:**
  Is een vlakke figuur met vijf hoeken.

  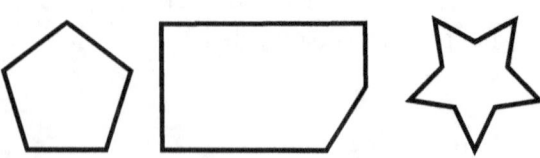

V

Rekenwoordenboek

- Vlak:
  Is een plat oppervlak van een tweedimensionaal figuur.

- Vlakke figuren:
  Dat zijn tweedimensionale figuren die plat zijn.
  Ze hebben een lengte, een breedte, maar geen diepte.

- Vlieger:
  Is een vierhoek waarvan de diagonalen loodrecht op elkaar staan.

- Vloeistof:
  Is een vloeibare stof die kan bevriezen tot een vaste stof of verdampen.

- Vlonder:
  Is een losse houten vloer of bruggetje.

- Volgorde:
  Bijvoorbeeld het rangschikken van getallen op een getallenlijn van klein naar groot.

- Volume:
  Het is de inhoud van een ruimtelijk figuur.
  De inhoud druk je uit in kubieke (m^3, dm^3, cm^3, liter, milliliter).

- Voet:
  Is een oppervlaktemaat of een lengtemaat die in elk deel van een land
  verschillend kan zijn. 1 voet is gelijk aan een oppervlakte van 0,09 ca.
  1 voet is gelijk aan een lengte van 31,3 cm

- Vooraanzicht:
  De voorkant van en driedimensionaal figuur of bouwwerk (balk, gestapelde kubussen).

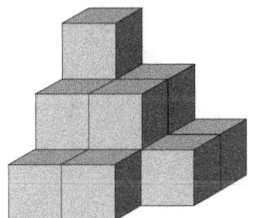 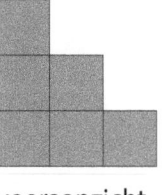

vooraanzicht

V

Rekenwoordenboek

- **Voordelig:**
  Is het vergelijken van producten met elkaar om vervolgens je voordeel uit te halen. Kijken waar je een bepaald product goedkoper kan krijgen.

- **Voorraad:**
  De hoeveelheid producten die in het magazijn nog staan om te verkopen.

- **Vormen:**
  Zijn waarneembare eigenschappen van verschillende figuren en voorwerpen. De lijnen en vlakken worden op een bepaalde manier weergegeven.

- **Vriespunt:**
  Is de temperatuur waarbij de vloeistof overgaat in de vaste stof. Bijvoorbeeld water bevriest tot ijs.

- **Vuistregel:**
  is een rekenregel waarmee je op een gemakkelijke manier een vaak voorkomende berekening kunt uitvoeren.

  1- Haakjes wegwerken
  2- Machtsverheffen en worteltrekken
  3- Vermenigvuldigen en delen
  4- Optellen en aftrekken

W

Rekenwoordenboek

- **Waarde:**
  Betekenis of grootheid van een getal. 1.234 (duizend tweehonderd vier en dertig)

- **Waardevermindering:**
  Wanneer producten afnemen in waarde. Soms gebeurt dit na schade van dit product.

- **Waarnemingen:**
  Bewust worden van wat je ziet.

- **Watermeter:**
  Het is een meetinstrument die zich in de meterkast van een woning bevindt.
  Deze meet het aantal verbruikte kubieke meters water. M^3

- **Waterstand:**
  De stand die een watermeter aangeeft in kubieke meters. M^3

- **Weegschaal:**
  Het is een meetinstrument waarmee je gewicht of massa meet.

- **Week:**
  7 dagen.

- **Wegen:**
  Nagaan hoe zwaar iets is.
  Dit doe je met behulp van een weegschaal.

- **Weinig:**
  Een kleine hoeveelheid of aantal.

- **Wereldrecord:**
  Is de beste prestatie die neergezet is door een persoon ter wereld.
  Bijvoorbeeld in sport of Guinness book of record.

W

Rekenwoordenboek

- **Werkelijkheid:**
  De situatie, zoals deze daadwerkelijk is.
  Dit gebruik je vaak bij het werken met schaalverdeling.
  Voorbeeld Schaal **1: 7** (1 cm op papier is in werkelijkheid 7 keer zo groot)

- **Windrichting:**
  De richting waaruit de wind waait.
  Wordt meestal aangeven met de richtingen;
  zuiden, noorden, oosten en westen.
  Bijvoorbeeld.: "De wind komt vandaag uit het ZO = Zuidoosten".

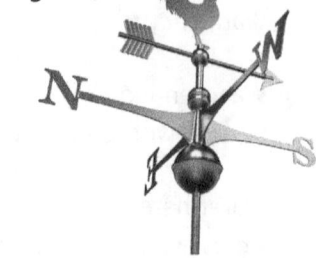

- **Winkelhaak:**
  Het is een meetinstrument die rechte(haakse) hoeken
  nauwkeurig kan opmeten.

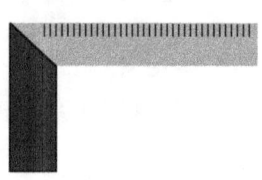

- **Winnaar:**
  Iemand die de eerste plaats behaald heeft. Heeft gewonnen.

- **Wisselgeld:**
  Geld dat je terug krijgt bij de kassa als je teveel betaald hebt.

- **Wisselkoersen:**
  Is het verschil in waarden van geld tussen twee of meer landen.
  Bijvoorbeeld voor 1€ krijg je 1,34$ (US). (wisselen)

- **Woonlasten:**
  Zijn alle kosten van een woning bij elkaar opgeteld
  (hypotheek, gas, water, stroom, telefoon, internet, televisie etc.)

- **Woordformule:**
  Wordt meestal gebruik om te laten zien wat de relatie is van twee dingen.
  bedrag (in €) = 25 + 35 x aantal uur

  woordformule: **b = 25 +35 x u**

- **Worteltrekken:**
  Het berekenen van de wortel van een getal.

  $\sqrt{49} = 7$, want 7 x7 = 49
  $\sqrt{(3\&6)} = 2$, want 2 x2 x 2 = 6
  $\sqrt{(4\&81)} = 3$, want 3 x 3 x 3 x 3 = 81

Z

Rekenwoordenboek

- **Zandloper:**
  Is een meetinstrument waarmee de tijd wordt gemeten.

- **Zeemijl:**
  Is een lengtemaat die gelijk is aan 1.852 meter. 1,852 km/h of 0514 m/s.
  symbool nm of nmi

- **Zeshoek:**
  Is een vlakke figuur met zes hoeken.

- **Zetels:**
  Een zetel is een plaats in het parlement.
  Bijvoorbeeld een partij heeft 15 zetels behaald na het tellen
  van het aantal stemmen tijdens een verkiezing.

- **Zijaanzicht:**
  De zijkant van een ruimtelijk figuur
  bijvoorbeeld van een Kubus.

- **Zijden:**
  Een vierkant heeft vier gelijke lengtes.
  Deze lengtes noem je zijden van een vierkant.

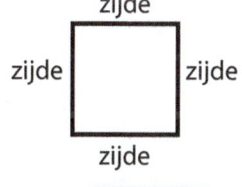

- **Zijvlakken:**
  Dit zijn de kanten van een ruimtelijk figuur.
  Bijvoorbeeld de vlakken van een kubus.

- **Zonnewijzer:**
  Het is een meetinstrument om de tijd te meten op basis van de
  schaduw die door de zon wordt gegeven.

www.ingramcontent.com/pod-product-compliance
Lightning Source LLC
Chambersburg PA
CBHW081353230426
43667CB00017B/2822